Sibylle Luise Bin

Populäre Irrtü
über Pferde

Sibylle Luise Binder

Populäre Irrtümer über Pferde

Vom Schlafen im Stehen und vom Hafer, der sticht

Cartoons von Susanne Retsch-Amschler

INHALT

Pferde untereinander – und andere Viechereien

Von Vierhufern und Zweibeinern – die pferdisch-menschliche Beziehung

DAS PFERD AN SICH – UND WAS SO ALLES DARÜBER ERZÄHLT WIRD …

Irrtümer über Pferde

Zyniker behaupten, „vox populi" – des Volkes Stimme – entspreche in den meisten Fällen „Vox Rindvieh". Was Volkes Stimme zum Thema Pferde angeht, sind die Zyniker wohl nur bedingt im Recht. „Vox populi" scheint sich auf jeden Fall bewusst zu sein, dass das, was über die noblen Vierhufer so gesagt wird, nicht immer unbedingt für bare Münze zu nehmen ist. Oder warum sonst werden schräge Geschichten so gerne als „die Story vom Pferd" bezeichnet? Vielleicht, weil vielen von uns bewusst ist, dass wir viel zu wenig über Pferde wissen? Dabei sind Pferde in unserer Sprache unglaublich präsent. 2000 Jahre gemeinsamer Geschichte und unsere Kulturentwicklung, die ohne das Pferd nicht möglich gewesen wäre, stehen dafür. Und auch wenn man heute in unseren Städten eher selten Pferde trifft, und auch wenn Tausende von Menschen ihr Leben leben, ohne je einem Ross nahe gekommen zu sein – wahrscheinlich werden selbst unsere Nachfahren die Behauptung, dass die Ampel am schwarzen Loch kurz vor dem Orion schon wieder ausgefallen sei, mit einem „Erzähl' mir doch keine Story vom Pferd!" kommentieren.

Das Pferd gehört zu unserer Kultur und zu unserer Sprache. Wir reden von der „Rossnatur", wir befürchten, dass jemanden „der Hafer sticht", wir zäumen das Pferd von hinten auf, wir zügeln uns – oder nicht. Dann gehen uns die Pferde durch, obwohl uns doch so oft empfohlen wurde, wir sollten mit den jungen Exemplaren der

Gattung *equus caballus* vorsichtig sein. Wer's mit ihnen übertreibt, dem kann's leicht passieren, dass er einen Pferdefuß an der Sache entdeckt. Immerhin sei das aber besser als wenn man ein Pferd trifft, das sich vor einer Apotheke seines Mageninhalts entledigt. Begegnungen dieser Art fallen nämlich eindeutig in die Kategorie „Geschichten vom Pferd".

Warum man die niemandem erzählen soll, verstehe ich nicht. Ich finde Geschichten vom Pferd nämlich ausgesprochen spannend. Und mit am spannendsten ist es, den Irrtümern nachzugehen, die über Pferde verbreitet werden. Das beginnt bei der schon erwähnten „Rossnatur"; und es geht vom Glauben, dass die lieben Tiere im Stehen schlafen könnten bis hin zu den Klischees, die wir mit Pferden verbinden.

Da wäre zum Beispiel der Hengst als Symbol für pralle Männlichkeit. Bei den Amerikanern schlägt sich das im Ausdruck „stud" für einen besonders tollen Kerl nieder. Und aus Frankreich kam einst die Filmkomödie, in der eine Dame ihren Liebhaber aufforderte, ihr das männliche Pferd zu machen. Er fand die Aufforderung zum Wiehern – was für jeden, der Hengste und ihre Qualitäten in puncto puncti kennt, nachvollziehbar ist. Bei uns Menschen mag das Pferd als Symbol für die leidenschaftliche Sexualität stehen. Wenn Stuten danach wäre, würden sie vermutlich von Mungo-Männchen träumen. Die bringen es deutlich ausführlicher und öfter als Hengste (wenigstens während der drei Tage im Jahr, an denen Madame Mungo sie lässt).

Sie wollen mehr wissen? Dann lassen Sie uns mit „dem Pferd an sich" starten. Über dieses gibt es nämlich eine Menge Irrtümer richtig zu stellen!

Pferde haben eine robuste Rossnatur

Die sprichwörtliche „Rossnatur" gibt es nicht. So einfach ist das. Oder doch nicht?

Bei uns in Schwaben sagt man über jemanden, der besonders hart im Nehmen ist, dass er „eine Kuttel wie ein Gaul" habe. Übersetzt für Nordlichter bedeutet das, dass der Kuttelinhaber über einen sehr stabilen Magen verfügt und damit Dinge verdauen kann, die anderen sauer aufstoßen würden – wie zum Beispiel das schwäbische Leibgericht Kutteln in Rotweinsauce. Diese stammen allerdings nicht vom Pferd, sondern von der Kuh, die bekanntlich ein Wiederkäuer ist und darum mehrere Mägen hat; und einer davon ist das, was die Schwaben „Kutteln" nennen.

Pferde können damit nicht dienen – weder mit einem Kuttelmagen noch mit einem Verdauungssystem, das der „Rossnatur" entsprechen würde. Im Gegenteil: Während eine gute Sau alles frisst (und auch fast alles verdauen kann), während Metzger des öfteren die erstaunlichsten Dinge in den Mägen kerngesunder Kühe finden, ist die Fütterung von Pferden eine Sache für Kenner. Die lieben Tierchen sind nämlich nicht nur ausgesprochene Feinschmecker, sondern außerdem empfindlich. Zu viel Eiweiß – und ja, auch Gras enthält Eiweiß! Und so, wie heutzutage gedüngt wird, enthält es oft definitiv zu viel für Pferde – kann dazu führen, dass sie garstige Krankheiten entwickeln. Und weil sie nun einmal alles andere als eine „Rossnatur" haben, kann ein Fütterungsfehler durchaus zum Ableben eines Pferdes führen.

Die Liste der häufigsten Gebrechen der so genannten Rossnaturen geht aber noch weiter. Wenn Pferdebesitzer nach dem Reiten noch gemütlich im Reiterstübchen beisammen sitzen und sich von ihren Sorgen erzählen, dann ähnelt die Atmosphäre der Stimmung im

Vorlesungssaal einer tierärztlichen Akademie. Wer ein Pferd besitzt, weiß Bescheid darüber, dass ein in den Huf eingetretenes Steinchen zu einer hässlichen, langwierigen Entzündung führen kann, und wenn er es nicht weiß, lernt er es früher oder später beim Anblick eines stocklahmen Pferdes und des Tierarztes, der nicht nur deswegen bekümmert guckt, weil er sich um die Bezahlung seiner Rechnung Sorgen macht. Und wenn es denn kein Steinchen ist, weil der gut dressierte Reiter mit Akribie auf Steinjagd ist und sich nach jedem Ausritt ausführlich mit der Pferdemaniküre beschäftigt, dann war's der eine, einzige, rostige Nagel, den der vierbeinige Katastrophenkandidat an einem Zaun gefunden hat und an dem er sich prompt ritzen musste. Am nächsten Tag ähnelt er dann – zumindest

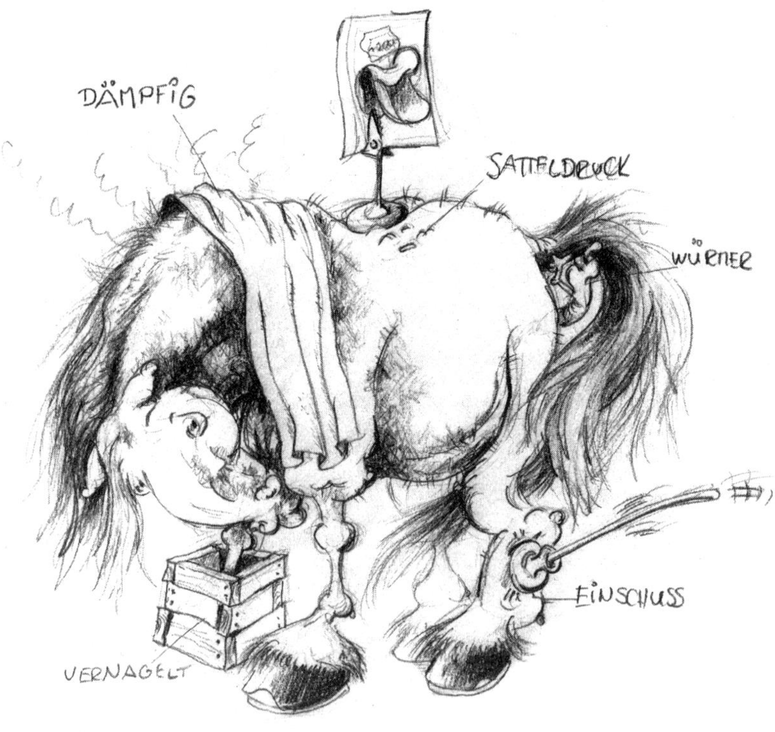

was die Stärke eines Beins angeht – einem Elefanten, und man braucht noch nicht einmal einen Tierarzt, um die Diagnose „Einschuss“ zu stellen. Den Tierarzt braucht man dann aber zur Behandlung – und die kann länger dauern.
Langwierig wird es auch, wenn der Hufschmied einen der fünf Nägel, mit denen er des Rössleins eisernes Schuhwerk befestigt, auch nur ein wenig daneben setzt. Nagel gegen die innere Hufhaut, das nennt man dann „vernagelt“, und das Ergebnis soll schon so mancher Reiter mit: „Dieses Tier ist der Nagel zu meinem Sarg!“ kommentiert haben. „Vernagelt“ bedeutet nämlich: Pferd lahm, weil Huf infektiös – längere Genesungszeit.
Sie fangen an, sich zu wundern, wie Dschinghis Khan und seine Reiterhorden es einst geschafft haben, aus der hinteren Mongolei bis nach Nordeuropa vorzudringen? Ihnen hat wahrscheinlich geholfen, dass die Pannenstatistik für halbwilde Pferde deutlich besser aussieht als die für unsere hochgezüchteten Sportpferde. Ich bin aber sicher, dass Pferdekrankheiten ein Dauerthema an den Lagerfeuern bei Khan & Co. waren. Aber vielleicht blieb den Mongolen wenigstens der Satteldruck erspart, den moderne Pferde so gerne bekommen? Angeblich sollen die Mannen um Dschinghis Khan ja ihr Grillfleisch unter dem Sattel weichgeritten haben – offensichtlich eine gute Polsterung. Vielleicht sollte man sie einmal den Reitern empfehlen, die eine ganze Kollektion von Sattelpolstern und Gelpads im Schrank haben, aber trotzdem dauernd zu Fuß gehen, weil ihre Vierbeiner eine offene Stelle am Rücken haben?
Und wenn wir schon beim Rücken sind: Manche Malaisen bei Pferden haben richtig nette Namen, wie zum Beispiel das „kissing spine syndrome“. Das klingt gut, nicht? Es ist aber gar nicht gut, wenn ein Pferd darunter leidet. Die Rückenwirbel, die einander nahe gekommen sind – was sie definitiv nicht sollten – begnügen sich nämlich

nicht mit Küssen, sondern reiben aneinander. Das führt zur dauernden Unbrauchbarkeit als Reitpferd.

Andere Krankheiten haben weniger nette Namen, können dafür aber von den Reitern gut nachempfunden werden, weil sie nicht nur Pferde, sondern auch Menschen befallen – wie zum Beispiel Arthrose in allen nur denkbaren Formen. Und auch Krebs, von dem man früher dachte, dass er Pferde verschone, wird heute durch bessere Diagnosemöglichkeiten immer wieder entdeckt.

Und dann hätten wir da noch die Pferdelunge. Die ist sehr empfindlich. Sie hält es nicht aus, über Jahre in stickigen Ställen aufbewahrt zu werden. Die Bauern, die früher ihre Pferde einfach mit in den Kuhstall packten, hatten meist nicht lange Freude an ihnen. Dicke Luft ist nichts für Pferdelungen. Sie führt fast unweigerlich zu dem, was der Tierarzt „Dämpfigkeit" nennt – eine Art Asthma, die schließlich die Lungenkapazität des Pferdes so reduziert, dass es schon nach kleinster Anstrengung zu japsen anfängt. Schimmelpilze tun ihr Übriges dazu – woraus resultiert: Pferde gehören auf die Weide. Und die sollte – bitteschön – groß und gut gepflegt sein, weil die Bewohner sonst innerhalb kürzester Zeit mehr Würmer im Darm haben als ein Angler sein ganzes Leben lang baden lässt.

Sie haben eben beschlossen, keine „Rossnatur" haben zu wollen? Sie ist wirklich niemandem zu wünschen – auch nicht, wenn man an die zweite Bedeutung des Ausdrucks denkt: „Rossnatur" im Sinne von Dickfelligkeit – wer möchte schon dickfellig sein? Pferde sind's bestimmt nicht. Sie sind im Gegenteil so ziemlich die sensibelsten Haustiere, die wir haben; die, die am ehesten fähig sind, Stimmungen und Atmosphären wahrzunehmen; die, deren emotionale Intelligenz vielleicht sogar noch ausgeprägter ist als die der Hunde, die ja „der beste Freund des Menschen" genannt werden.

Pferde sind Vegetarier

Vor kurzem fragte ich (nicht reitende) Freunde, was ihnen denn zum Thema „Pferd“ einfalle. Meine Freundin Susanne antwortete per Mail: „Meine Frau Mutter pflegte weiland zu verbreiten, man würde ein Pferd nicht dazu bringen, Schmalzgebäck zu essen, weil es als Vegetarier bemerken würde, wenn ein totes Tier im Essen versteckt sei. Ob das so stimmt, wüsste ich schon gern. Ich hege nämlich den Verdacht, dass Pferde beim Weiden schon die eine oder andere Raupe oder lahmarschige kleine Käfer mitvertilgen, weil sie mit ihren extradicken Fußnägeln ja keine Gabel halten können ...“

Liebe Susanne, so du hier liest (was sie sicher tun wird, neugierig, wie sie ist): Deine Zweifel an Mütterleins Weisheit sind berechtigt. Was allerdings die Raupen, Käfer und Tischmanieren von Pferden angeht, liegst du falsch. Pferde essen zwar nicht mit Messer und Gabel, aber sie können, was die „Pickerigkeit“ beim Futtern angeht, locker mit den stets um ihre Linie besorgten Damen mithalten, die jedes Schnitzel vor Verzehr erst einer ausführlichen Operation unterziehen, um sicherzustellen, dass sie auch garantiert kein Fettäderchen erwischen.

Fangen wir aber mit dem Glauben von Susannes Frau Mama an. Richtig daran ist, dass Pferde hauptsächlich Pflanzenfresser sind. Sie jagen nicht, sie legen es in der freien Natur nicht darauf an, ihre Speisekarte um tierisches Eiweiß zu bereichern, und ihr Gebiss zeigt eindeutig, dass sie sich im Laufe ihrer über Millionen von Jahre währenden Evolution deutlich mehr von Flora als von Fauna ernährt haben.

Falsch ist aber, dass Pferde beim Anblick oder beim Geruch von tierischem Eiweiß die Nase rümpfen würden. Eine Abneigung gegen tierisches Eiweiß oder gar eine Unverträglichkeit gibt es bei ihnen definitiv nicht. Abgesehen davon, dass sie generell sehr viel weniger

Eiweiß brauchen und vertragen als wir und daher nicht scharf auf Steaks sind: Mich überraschte dereinst meine alte Stute damit, dass sie sich bei einem unserer Ausflüge nicht mit dem alten Brötchen begnügen wollte, das die freundliche Metzgersgattin für sie bereit hielt. Sie stahl mir kurzerhand den LKW – das geliebte Leberkäs' Weckle (für Nichtschwaben: Leberkäs' = Fleischkäse, Weckle = Brötchen) – und verzehrte es mit sichtlichem Genuss. Es schmeckte ihr sogar so gut, dass ich von da an immer meine LKWs mit ihr teilte. Und nachdem sie herausgefunden hatte, dass Fleischkäse-Brötchen in raschelnden Tüten verpackt werden, reichte es schon, mit einer Tüte zu rascheln, um sie zu einem jubelnden Wiehern zu veranlassen.

Sie war nicht das einzige Pferd in meinem Bekanntenkreis, das gerne mit einem Metzgershund

getauscht hätte. Eine ihrer Schwestern hatte ein ausgesprochenes Faible für herzhafte Leberwurstbrötchen. Je intensiver sie rochen, desto lieber mochte die alte Dame sie. Und ein Freund von mir schwört Stein und Bein darauf, dass sein Vollblüter durchaus einen Unterschied zwischen Hamburger mit und ohne rohe Zwiebel mache – Letzteres möge er deutlich lieber.

Doch trotz des Faibles, das manche unserer Pferde für Wurstbrötchen und Hamburger entwickeln – wir würden vermutlich nie darauf kommen, Pferde regelmäßig oder in größeren Mengen mit tierischem Eiweiß zu füttern. Und vermutlich würden es unsere Pferde auch nicht sonderlich gut vertragen.

Bei den Isländern ist das aber anders. Dort werden die Ponys immer noch wild gehalten. Die Herden laufen frei herum und haben selbst für ihr Futter zu sorgen. Nur im Winter, der auf Island sehr lang, sehr dunkel und sehr hart ist, wird zugefüttert. Und dann darf es – und muss sogar – gerne etwas mehr aus der Abteilung „Eiweiß fürs Huftier“ sein. Eiweiß ist nämlich Brennstoff für die Zellen und wird besonders dann benötigt, wenn der Organismus aus irgendwelchen Gründen einen besonders hohen Energiebedarf hat (am Rande bemerkt: Die Ladies mit dem Faible für Wurstbrötchen waren beide Zuchtstuten, die entweder tragend waren oder Saugfohlen bei Fuß hatten. Das könnte zu einem erhöhten Eiweißbedarf geführt haben).

Was den isländischen Winter mit seinen Stürmen angeht, so haben die Pferde dort ganz sicher einen erhöhten Energiebedarf. Sie müssen dem ewigen Wind, der Feuchtigkeit und der Kälte trotzen und sie müssen sich ihr Futter unter dem Schnee hervorkratzen. Der eine oder andere Eimer voll Hafer wäre da sicher sehr willkommen. Weil Getreide auf Island aber sehr knapp und dementsprechend teuer ist, weil Heu ebenfalls nicht billig und in ausreichender Qualität zu haben ist, greifen die Isländerzüchter schon seit Jahrhunderten auf eine Ressource zurück, die es auf ihrer Insel im Überfluss gibt: Fisch. Um genau zu sein: Stockfisch. Er wird in großen Tonnen auf den Futterplätzen angeboten – und offenkundig begeistert gefressen.

Womit dann eindeutig bewiesen wäre: Pferde sind zumindest keine „überzeugten" Vegetarier. Und ich bin ziemlich sicher: Das Pferd, das bei Susannes Mutter kein Schmalzgebäck wollte, hat nicht wegen „Igitt – totes Tier" verweigert, sondern ganz einfach, weil es kein Schmalzgebäck kannte. Manche Pferde halten es nämlich mit der alten Regel für Landwirte: „Was der Bauer nicht kennt, frisst er nicht."

Was aber die Raupen und mehr oder minder schnellen Käfer auf Gräsern angeht, so bin ich nicht sicher, ob Pferde sie mitfressen. Im Aussortieren ihres Futters sind sie nämlich die Meister aller Klassen, was Tierärzte gerne bestätigen. Bei Kühen finden sie – wie schon erwähnt – manchmal die erstaunlichsten Dinge in den Mägen. Kühe scheinen kurzerhand alles zu fressen, was ihnen vors Maul kommt. Bei Pferden ist dem nicht so. Sie können sehr gut mit den Lippen tasten, und sie setzen ihren Tastsinn selbst dann, wenn sie richtig hungrig sind, sehr gezielt ein. Das kleine Ende vom Bindestrick, das versehens mit ins Heu gerutscht ist, liegt am Ende des Pferdefrühstücks ebenso in der Krippe wie die trockene Distel, die sich zwischen den Halmen versteckt hatte. Und auf der Weide wird das Gras gerupft und dabei so geschüttelt, dass die daran haftende Erde abfällt.

Vermutlich müssen Pferde mit ihrem Futter vorsichtig sein. Sie haben nämlich nur einen Magen und im Vergleich zu ihrer Gesamtgröße ist er ziemlich klein. Darum sind Pferde, wenn man sie lässt, auch vernünftiger in ihrer Futteraufnahme als wir. Sie halten sich an die Regel, lieber viele kleine Mahlzeiten als eine große zu sich zu nehmen; sie fressen am liebsten den ganzen Tag, aber eben immer nur relativ kleine Portionen. Doch wenn es schon mit den reinen Vegetariern nichts ist – sind Pferde dann vielleicht wenigstens beispielhaft, was das Trinken angeht?

Pferde sind Antialkoholiker

„Saufen wie ein Pferd“ – Dieser Vorwurf bezieht sich üblicherweise nicht auf das, was getrunken wird, sondern auf die Quantität, weil – wie mir einmal eine dünnlippige Antialkoholikerin mitteilte – „kein Tier so dumm wäre, sich absichtlich mit betäubenden Getränken zu berauschen.“ Tja – mit Tieren als Vorbild für das, was man tut bzw. nicht tut, ist das so eine Sache. Das gilt sowohl für die Zwillinge in Thomas Manns „Wälsungenblut“, die überzeugt waren, dass nur Tiere im Smoking zum Tee kommen, wie auch für die Antialkoholikerin. Abgesehen von Katzen, die in Tests gezeigt haben, dass sie Alkohol tatsächlich nur trinken, wenn sie kurz vor dem Verdursten sind, sind andere Tiere berauschenden Getränken oder Früchten keineswegs abgeneigt. Ich kannte einen Papagei, der seinen Besitzer heftigst beschimpfte, wenn ihm zum Tee kein in Cognac

getauchter Zucker gereicht wurde, (und der Besitzer behauptete, der Papagei bestehe auf französischem Cognac und lasse sich keineswegs mit billigem Weinbrand abspeisen!). Und ich vermute, dass es leichter ist, Iren zu finden, die kein Guinness mögen als Pferde, die einem Drink abgeneigt wären.

Dabei bevorzugen Pferde übrigens Bier – vermutlich, weil sie die Bitterstoffe darin mögen. Oder wissen sie etwa, dass Bierhefe gut fürs Fell ist? Außerdem scheint das Gerstengebräu kräftigend zu wirken. Jedenfalls war es früher in den Brauereien üblich, die Reste aus den Fässern vor dem Spülen in Tröge zu gießen, aus denen die Brauereipferde sich bedienen durften. Von Unfällen, die durch angetüterte Pferde verursacht wurden, ist nichts in der Historie zu finden. Aber ich erinnere mich an einen Reiterfreund, der an heißen Sommertagen seine Ausritte in einer Gartenwirtschaft zu unterbrechen pflegte, wo er sich und seinem Pferd das eine oder andere Bierchen gönnte. Eines Tages muss er einiges zu viel bekommen haben – und fiel prompt einem Polizisten in die Finger, der ihn darüber aufklärte, dass ein Reiter als „Verkehrsteilnehmer“ gilt und folglich nüchtern zu sein habe. Er beließ es zum Glück bei einer Verwarnung – wahrscheinlich, wie der Freund grinsend erzählte, weil sein Pferd eine noch viel größere Fahne gehabt habe als er.

Letzteres halte ich allerdings für eine Übertreibung. Um 600 Kilogramm Pferd beschwipst zu machen, bräuchte es wahrscheinlich einen Eimer voll Bier – und ob der Freund so großzügig war, den bereitzustellen? Ich bezweifle es. Dafür weiß ich aber, dass erfahrene Hengsthalter ihren Junghengsten schon mal drei, vier Liter Bier verabreichen, bevor sie mit ihnen zum Schmied gehen. Und ich erinnere mich an einen ansonsten sehr hampeligen Pferdeknaben, der nach drei Flaschen Pils – und ja, Pferde können aus der Flasche trinken, wenn man sie ihnen nur richtig ans Maul hält – mit halb

geschlossenen Augen und einem ziemlich verklärten Gesichtsausdruck vor sich hin dösend den ersten Vollbeschlag seines Lebens ohne jede Zappelei an sich applizieren ließ.
Das Faible für Alkohol in Form von Bier ist übrigens ganz sicher kein Zeichen dafür, dass unsere Pferde durch die Haltung als Haustiere degeneriert sind. Das zeigt sich an den wilden Vettern unserer Pferde. Sowohl bei Zebras wie auch bei Wildeseln wurde mehrfach beobachtet und berichtet, dass sie sich mit Wonne an vergorenen Früchten delektieren. Es wird sogar vermutet, dass die wilden Equiden wissen, wo zu einer bestimmten Jahreszeit bestimmte Früchte gefallen und in den Gärungsprozess übergegangen sind, und dass sie diese Plätze gezielt ansteuern. Da drängt sich einem doch fast das Bild von Mutter Zebra auf, die ihrem Gemahl im Streifenpyjama einen Stups gibt und sagt: „Komm, Alter – lass uns gucken, ob die Früchte schon vom Baum gefallen sind. Mir ist danach, mal wieder ordentlich einen mit dir zu zwitschern."
Damit mir aber nicht vorgeworfen wird, Pferde und andere Equiden als die Schluckspechte im Tierreich darzustellen, möchte ich ausdrücklich darauf hinweisen, dass die Vierbeiner natürlich vorwiegend Wasser trinken. Und da saufen sie dann wirklich wie die Pferde. 30-40 Liter pro Tag lassen sie locker durch ihre Kehle gluckern. Und sie wissen genau, wie sie an den begehrten Stoff kommen. Im Gegensatz zu uns, die wir Wasser nur dann riechen können, wenn es einen Zustand erreicht hat, in dem wir es nicht mehr trinken wollen, können Pferde auch „gutes" Wasser mit der Nase finden. Pferde, die in ausgesprochen trockenen Gegenden leben – wie zum Beispiel Wüstenaraber – sind sogar noch besser: Sie finden selbst Wasser, das sich versteckt hat. Beduinen berichten – durchaus glaubwürdig und oft bestätigt – dass ihre Pferde zum Beispiel an der sonnenabgewandten Seite von ausgetrockneten Flüssen kleine Grund-

wasserrückstände frei scharren. Und schon mancher vierbeinige Araber hat mit seinem Talent darin, Wasser zu finden, seinem Zweibeiner das Leben gerettet.
Das lässt übrigens darauf schließen, dass die Wüstenaraber in Sachen „Wasser“ nicht so anspruchsvoll sind wie manche domestizierten Pferde. Ich kannte zum Beispiel einmal einen Rappwallach, der sich auf einem Turnier standhaft weigerte, das dort offerierte Wasser zu trinken. Es war knallheiß, er hatte mächtig geschwitzt und wir wussten, dass er durstig sein musste. Doch wie wir ihm den Eimer mit dem schönen, frisch aus dem Hahn gezapften Wasser auch unter die Nase hielten – er rümpfte dieselbe. Wir probierten jeden Trick. Im Wissen, dass Pferde garantiert kein Wasser trinken, in dem irgendwelche Kotrückstände sind – ein Faktum, das früher oft von faulen Pferdepflegern ausgenutzt wurde: Wenn sie keine Lust hatten, zu viele Eimer zu schleppen, ließen sie kurzerhand einen Rossapfel in den Eimer fallen – wuschen wir den Eimer dreimal aus. Es half nicht. Unser Schwarzer stellte sich an wie ein Guide Michelin Tester, dem eine angeschrumpelte Curry Wurst angeboten wird. Also probierten wir es mit etwas Würze – einem Esslöffel Bittersalz. Das funktioniert bei vielen Pferden – Bitteres ist bei ihnen eben begehrt. Nicht so aber bei unserem vierbeinigen Helden. Er wollte kein Salzwasser, er wollte kein Wasser mit Karotte drin, er wollte kein Zuckerwasser. Am Ende vom Lied fuhr einer von uns nach Hause aufs Gestüt und holte dort einen Kanister voll Wasser. Genau das war's, was unser Vierbeiner gewollt hatte. Er senkte sofort die Nase in den Eimer, soff ihn genüsslich leer und seufzte dann zufrieden. Worauf wir ein für alle Mal begriffen, dass Wasser für Pferde eben nicht gleich Wasser ist.

Pferde sind nicht besonders intelligent

„Überlassen Sie das Denken den Pferden!" – Diese Empfehlung kann man immer wieder hören, meist in Verbindung mit der Begründung, dass *equus caballus* über den größeren Kopf verfüge. Nun – dass es beim Hirn mehr auf Klasse als auf Masse

ankommt, ist wohl auch denen bekannt, die den Rat aussprechen. Er ist ja meist ironisch gemeint, denn, so bekommt man immer wieder zu hören, Pferde seien ja schließlich ziemlich dämlich. Was sie angeblich mit ihren langohrigen Vettern, den vielbeschimpften Eseln, gemeinsam haben.

Bohrt man ein bisschen nach, warum Pferde dumm sein sollen, dann bekommt man oft genug Vergleiche mit anderen Tieren zu hören, die Mensch zum Spaß hält, wie zum Beispiel dem Hund. Der

„beste Freund des Menschen", so hört man dann, habe kein Problem damit, seinem Menschen die Zeitung oder die Pantoffel zu bringen. Von Pferden werde so etwas eher selten berichtet. Und ein Hund komme, wenn man ihn rufe. Er kenne seinen Namen. Bei Pferden sei das wohl nicht immer der Fall – oder?

Nun gibt es Menschen – meist weiblichen Geschlechts – die behaupten, dass ihr Pferd jedes Wort verstehe (wir werden später noch einmal auf sie zurückkommen). Doch wer schon einmal ein wenig Zeit an einem Koppelzaun verbracht hat, weiß, dass die meisten Pferde an Menschen nur interessiert sind, wenn sie bei ihnen mit Leckerli gefüllte Taschen vermuten. Und wer Reitställe von innen kennt, weiß zudem, dass die meisten Pferde darin überhaupt nicht aussehen, als ob sie Lust darauf hätten, ihren Reitern die Zeitung nachzutragen. Und im Gegensatz zu Hunden, die schon einmal einen Freudentanz aufführen, wenn man mit der Leine kommt und sie auf einen Spaziergang hoffen, habe ich noch nie ein Pferd gesehen, das beim Anblick der Trense in Begeisterungsstürme ausbrach.

Doch heißt das wirklich, dass Pferde dümmer sind als Hunde? Man könnte nun als Gegenbeweis Zirkuspferde anführen. Der große Tiertrainer Freddy Knie führte vor, was Pferde alles können, wenn man sie nur entsprechend ausbildet. Und er hätte sicher nie behauptet, dass Pferde „dümmer" sind als andere Tiere, mit denen er gearbeitet hat. Natürlich kann man nun annehmen, dass er sich für die Spezialtricks die Intelligenzbestien unter den Vierhufern ausgesucht hat. Wer hätte das an seiner Stelle nicht getan? Aber deswegen schon den Rest der Spezies *equus caballus* in die Ecke der netten Trottelchen verbannen zu wollen, ist sicher falsch.

Wenn man die Intelligenz eines Tieres beurteilen will, sollte man einen gerechten Maßstab anlegen. Und selbst wenn man „tierische Intelligenz" auf den Bereich der Interaktion mit dem Menschen begrenzt – was sicher nicht fair ist – könnte man nur dann zwei verschiedene Tierarten vergleichen, wenn man ihnen dieselben Bedingungen bieten würde. Das heißt konkret: Um herauszubekommen, ob Pferde oder Hunde „heller“ sind, wenn es zur Interaktion mit uns Zweibeinern kommt, müsste man das Pferd genauso in das Menschenleben integrieren wie den Hund. Und da wird es dann schwierig, denn selbst begeisterte Rossnarren halten ihre Pferde normalerweise nicht im trauten Heim. Und ein Pferd in der Kneipe habe ich bisher nur einmal gesehen – bei der sehr feucht-fröhlichen Geburtstagsfeier eines pferdezüchtenden Freundes. Dass jemand seinen Hund mitbringt, ist dagegen weitgehend normal. Zu Deutsch: Der Hund lebt mit seinem Menschen. Er teilt seinen Alltag, wenn er Glück hat, für 24 Stunden an sieben Tagen in der Woche. Pferde dagegen sehen ihre Menschen normalerweise selten mehr als zwei, drei Stunden pro Tag. Den Rest ihrer Zeit verbringen sie in Pferdegesellschaft. Nimmt es da Wunder, dass sie weniger auf Menschen eingestellt sind als die Tiere, die wir tatsächlich im Haus halten?

Sieht man nun aber einmal das Pferd an sich, losgelöst von seiner Interaktion mit uns Menschen, dann kann man ganz sicher nicht von einem Tier sprechen, das „dümmer“ als andere wäre. Pferde haben eine ausgesprochen hohe emotionale Intelligenz. Das heißt, sie sind Meister im vorwiegend harmonischen Umgang miteinander. Sie verstehen die feinsten Signale ihrer Mitpferde, sie kommunizieren ausgesprochen subtil, nicht nur über Körpersprache, sondern auch mit Düften und Geräuschen. Sie verfügen über deutlich ausgeprägtere Sinne als wir Menschen. Zudem haben sie aber auch noch eine gewisse Sinnes-Sonderausstattung, die es ihnen ermöglicht, sich in unbekanntem Gelände zurechtzufinden, Wetterumschwünge lange im Voraus zu spüren und sich ohne Uhr und Kalender über sehr große Zeiträume hinweg zu orientieren.

Pferde können nur schwarz-weiß sehen

In manchen Pferdebüchern kann man es immer noch lesen: Pferde, so steht da, können keine Farben sehen. Ihre Welt ist schwarz-weiß.

Hinter dem Irrglauben steht vermutlich, dass das Pferdeauge anders aufgebaut ist als unseres. Ein tiefes „Schau mir in die Augen, Großer“ beim Pferd zeigt, dass im Augenhintergrund eine funkelnde Schicht liegt, das so genannte *tapetum lucidum*. Es sorgt dafür, dass Pferde eine weitaus bessere Nachtsicht haben als wir; das haben sie übrigens mit den Katzen gemeinsam, die auch über ein *tapetum lucidum* verfügen.

Bei Nacht stimmt es wahrscheinlich, dass Pferde keine Farben sehen können. Sobald es dunkel wird, dürften auch für sie alle Katzen grau sein. Doch tagsüber ist ihre Welt bunt und fröhlich wie die Unsere. Allerdings könnte es sein, dass Pferde Farben anders wahrnehmen als wir. Untersuchungen haben nämlich ergeben, dass ihr Farbspektrum in Randbereichen „kürzer“ ist als das menschliche.

Konkret: Wir sehen ultraviolettes Licht. Pferde nicht. Dafür aber sehen Pferde vermutlich die Töne in der Mitte des Lichtspektrums – Blau, Grün, Gelb – besser und differenzierter als wir. Für sie ist das überlebensnotwendig, denn eine bestimmte Grün- oder Blauschattierung der

Steppe, die aus Entfernung zu sehen ist, kann auf einen besonders nahrhaften Bewuchs hindeuten. Und Gelb steht sehr oft für blühende Wiesen – und wo's blüht, gibt's auch Samen und die schmecken nicht nur gut, sondern sind nahrhafter als bloßes Gras.

Im Rotbereich sehen Pferde mehr und über unser Spektrum hinaus. Rot ist nämlich nicht nur für uns eine Warnfarbe, sondern auch für Pferde. Rot als Fläche kommt in der Natur nämlich so gut wie gar nicht vor. Aber dafür steht ein roter Fleck für frisch vergossenes Blut – und das könnte wiederum für die Anwesenheit von Raubtieren sprechen. Ergo wird sich ein Pferd lieber nicht in die Nähe von etwas Rotem begeben.

Pferde leiden stumm

Es war der Präsident des deutschen Tierschutzbundes, der dereinst in einer Fernsehdiskussion mit Vielseitigkeitsreitern den Satz proklamierte, dass der ganze Reitsport enden würde, wenn Pferde einen Schmerzlaut hätten. Denn dann, so meinte er zu wissen, würden auf Turnierplätzen gellende Schreie erklingen.

Der Herr bewies mit dieser Aussage vor allem eines: Dass er nur sehr oberflächliche Kenntnisse über Pferde hat. Er hatte insofern recht, als Pferde bei kleinen Wehwehchen nicht in Geschrei ausbrechen. Als Fluchttiere, die in der Gesellschaft ihrer Fressfeinde leben, können sie sich großes Heulen und Zähneklappern schlichtweg nicht leisten. Die Tiere, die Pferd als besonderen Leckerbissen auf der Speisekarte haben, sind alle – ob es nun Löwen, Pumas, Tiger, Hyänen oder Wölfe sind – mit sehr guten Ohren ausgestattet. Ein Pferd, das schreit, weil es sich gerade ein Bein angeschlagen hat – eine hungrige Berglöwin würde einen solchen Schrei wahrscheinlich als Einladung zum Mittagessen verstehen.

Aber deswegen zu glauben, dass Pferde stumm leiden, ist dennoch Blödsinn. Sie verfügen durchaus über Schmerzlaute. Wer schon einmal bei einer Pferdegeburt dabei war, weiß, dass eine Stute dabei zwar nicht schreit – was ja auch fatal wäre, denn ein neugeborenes Fohlen wäre eine leichte Beute für jede umherstreifende Löwin – aber dass sie während der letzten Presswehen durchaus einmal leise stöhnen kann. Und wer einmal mit einem an Kolik leidenden Pferd auf den Tierarzt gewartet hat, der weiß, wie sehr einem das leise Zähneknirschen des vierbeinigen Patienten unter die Haut gehen kann.

Und wenn es ganz dick kommt, dann schreien Pferde vor Schmerz. Es gibt hunderte von Berichten aus Kavallerie-Tagen, die von schwer verletzten, schreienden Pferden erzählen und davon, dass Soldaten oft mitten in der Nacht aufs Schlachtfeld zurückkehrten, um einem verzweifelt stöhnenden Pferd den Gnadenschuss zu geben.

Dazu kommt noch etwas, was man als Chef des Tierschutzbundes vielleicht wissen sollte: Pferde haben eine sehr ausgeprägte Mimik. Und wer sich mit ihnen auskennt, der sieht ihnen am Gesicht an, ob sie sich fit fühlen. Ein Pferd, das Schmerzen erleidet, zeigt das nämlich im Gesicht. Es spannt die Unterlippe an, es lässt oft die Ohren hängen, seine Augen sind meist verhangen und abgewandt.

Die nordamerikanischen Mustangs sind Wildpferde

Abenteuer, Freiheit, die große Weite – da fällt uns doch sofort der Marlboro-Cowboy ein. Oder, fast noch schöner: der imposante Mustang-Hengst, der stolz auf einem Felsen über dem Tal steht und seinen vielköpfigen, ihm treu ergebenen Stutenharem bewacht. Ist er nicht **das** Beispiel für das Wilde, das Unverfälschte, das Pferd an sich?

Tja ..., es tut mir leid, aber ich glaube, ich muss Ihnen schon wieder ein paar Illusionen zerstören. Der Herr Mustang ist kein Wildpferd. Jedenfalls nicht im eigentlichen Sinne des Wortes. Er mag zwar mehr oder minder „wild" – das heißt, vom Menschen weitgehend unbeeinflusst – leben, aber zu einem richtigen Wildpferd macht ihn das noch lange noch nicht. Ein Wildtier wird nämlich nicht nur dadurch definiert, dass es frei in seinem ursprünglichen Habitat lebt, sondern auch dadurch, dass es von nicht domestizierten Vorfahren abstammt. Und damit ist der amerikanische Mustang schon durch den Rost gefallen. Man könnte ihm vielleicht noch nachsehen, dass die amerikanische Steppe nur bedingt seine natürliche Umgebung ist – immerhin hat es in Amerika über Jahrtausende Pferde gegeben, bevor sie vor ungefähr 300.000 Jahren ausstarben. Was man dem Mustang aber nicht nachsehen kann, ist die Tatsache,

dass er nicht von Wildpferden abstammt, sondern Nachkomme verwilderter Hauspferde ist. Und was das angeht, so sind die meisten Mustangs – im Gegensatz zu Wildpferden, die eigene und eigenständige Rassen bilden – wahre Promenadenmischungen. Je nachdem, in welchem Teil von Amerika sie leben, stammen sie von den Pferden der spanischen Eroberer oder von den Pferden späterer Einwanderer ab. Das bedeutet, dass sich in ihrem Stammbaum so ziemlich alles auffindet, was je in der „alten Welt" gezüchtet wurde. Vom Englischen Vollblut bis zum Friesen, vom Berber über das Belgische und Französische Kaltblut bis hin zu den verschiedenen englischen Ponyrassen – jeder neue Schwung von Einwanderern nach Amerika brachte Pferde mit sich, und immer wieder machten sich welche davon selbstständig und trafen in der Freiheit auf andere Pferde. Die Genmischung macht den Mustang – und wer sich intensiver mit Mustangs beschäftigt, der sieht, dass sie bis heute keine konsolidierte Rasse sind, sondern man vielen von ihnen noch die Abstammung von unterschiedlichen Pferden ansieht.

Wer wirklich „Wildpferde" sehen will, wird weder in Amerika noch in Australien, wo die Brumbies wild leben, fündig werden. Seine Chancen stehen am besten, wenn er in die Mongolei reist. Dort gab es bis in den Anfang des letzten Jahrhunderts Pferde, die allen Ansprüchen an ein „Wildpferd" genügten. Doch die Przewalskis – wie die sehr urtümlichen Falben nach ihrem Entdecker, einem russischen Offizier, genannt werden – sind dem Aussterben nur superknapp entkommen. In der Mongolei gab es für Jahre keine mehr. Dass inzwischen wieder welche dort leben, ist einer Initiative zu verdanken, an der internationale Zoos teilnehmen. Sie haben sich vor Jahren zusammengetan, um die Rasse zu retten – nachdem nur 12 von ihnen den Zweiten Weltkrieg überstanden hatten. Inzwischen aber gibt es um die 1200 Przewalskis; ungefähr 100 davon sind in den letzten Jahren in der Mongolei ausgewildert worden.

Die Przewalskis dürften damit gerettet sein. Um den Bestand der zweiten Rasse, die auf jeden Fall noch sehr nahe am „Wildpferd“ ist, muss aber noch gebangt werden. Die portugiesischen Sorraias – übrigens auch Vorfahren der amerikanischen Mustangs, wie Gentests ergeben haben – die in einer wilden Sumpf- und Steppenlandschaft im Inneren Portugals leben und von Hippologen als direkte Nachfahren des südeuropäischen Urpferdes gesehen werden, sind definitiv vom Aussterben bedroht.

Und selbst wenn sie es nicht wären und es Tausende davon gäbe – die Chance, dass Sie bei den Przewalskis oder den Sorraias auf den stolzen Hengst mit dem Riesenharem treffen, wäre äußerst gering. Ob Mustang, ob Sorraia, ob Przewalskis, ob Camargue-Pferd oder englisches „Native Pony“ (ich könnte die Liste wild lebender Pferde übrigens noch verlängern – es gibt nämlich viel mehr davon als man auf den ersten Blick denkt. Und die meisten davon sind in Europa zu Hause) – wilde Pferde leben nicht in Riesenherden, sondern in kleinen Familienverbänden. Und in denen hat keineswegs der ach so wilde Hengst das Sagen, sondern die Leitstute. Aber dazu kommen wir dann später …

Pferde sind die geborenen Pfadfinder

„Pferde haben keinen Orientierungssinn“ – schrieb dereinst der berühmte Zoologe Professor Dr. Bernhard Grzimek. Und dabei klang durchaus Enttäuschung mit, denn Grzimek mochte Pferde sehr. Darum hatte er sich auch daran gemacht, ihren viel gepriesenen Orientierungssinn zu untersuchen. Wie fast jeder Pferdemensch kannte er die Geschichten von den Kavalleriepferden, die verloren gegangen waren und über hunderte von Kilometern heimgefunden haben sollen. Und er war ja auch durchaus willig, daran zu glauben – doch als Verhaltensforscher wollte er es eben genau wissen, und darum nutzte er die Gelegenheit, mit Stuten eines polnischen Arabergestüts zu experimentieren. Er packte eine Lady nach der anderen in den Transporter und verbrachte sie aufs Land – außer Sichtweite ihres Heimatgestütes. Dort wurden sie dann freigelassen und sollten, selbstverständlich unter dem wachsamen Auge des Professors, ihren Heimweg selbst finden.

Das Dumme war nur, dass die vierbeinigen Mädchen gar nicht daran dachten nach Hause zu gehen. Sie bummelten fröhlich durch die Landschaft, fraßen hier mal ein bisschen, knabberten dort an einem Hälmchen, dösten im Schatten eines Baumes, wieherten fröhlich anderen Pferden auf der Koppel zu – doch heimwärts ging keine von ihnen. Grzimek musste jedes seiner Versuchstiere wieder einfangen, einpacken und im Transporter in den Heimatstall zurückbringen.

Hartnäckig, wie der Professor war, startete er eine neue Versuchsreihe: „Wir wollen es ihnen leichter machen, sagte ich mir, und bringe die nächste, Hortensia, nur ganze fünf Kilometer vom Gestüt weg. Man kann die Gebäude beinahe liegen sehen. Hortensia schlendert in verkehrter Richtung zum nächsten Dorf ... Die Stute geht hinter den Scheunen des fremden Dorfes herum, zeitweise macht sie kleine Ausflüge in die Äcker, kommt aber immer wieder zum Dorf zurück ..."

Grzimek fing Hortensia wieder ein und probierte es mit der dreijährigen Schimmelstute Arabeska: „Sie wird nicht gefahren, sondern mit verbundenen Augen geführt. Aber auch sie läuft in verkehrter Richtung zum nächsten Dorf und bleibt dort." Grzimek schließt seinen Bericht enttäuscht: „Es hat keine von unseren Araberstuten aus unbekannter Gegend nach Hause gefunden. Sie haben den sagenhaften Orientierungssinn nicht besessen, den man Pferden so oft nachgesagt hat, und der in so vielen Pferdebüchern spukt."

Tja ..., dumm gelaufen, oder? Wie aber lassen sich dann die Geschichten von den Kavalleriepferden erklären, die heimgefunden haben? Und wie die, die mir meine Oma immer wieder erzählt hat? Ihr Vater war nicht nur Bauer, sondern auch Fuhrunternehmer und Ex-Kavallerist. Daraus erwuchs bei ihm der Ehrgeiz, immer besonders schöne Pferde zu fahren. Das wiederum führte dazu, dass er des öfteren eines seiner Pferde verkaufte, um sich ein neues anzuschaffen. Dabei musste er sich allerdings – auf speziellen Wunsch seiner Frau und seiner Tochter – Käufer suchen, die möglichst weit von ihm entfernt wohnten. Verkaufte er seine Pferde nämlich an einen Bauern aus der Umgebung, kam es mit schöner Regelmäßigkeit vor, dass das liebe Ex-Pferd wiehernd auf dem Ex-Hof auftauchte. Dann war der müde gearbeitete Bauer auf dem Bock eingeschlafen – und das Pferd hatte sich in den Stall zurückbegeben, den es als „Heimat" ansah. Und offensichtlich konnten sich die schweren Belgier meines Urgroßvaters orientieren.

Warum dann aber Grzimeks Araberstuten nicht? Und wie ist es nun? Haben Pferde einen Orientierungsinn oder nicht?
Die Frage ist mit „ja“ zu beantworten. Das „allerdings“ kommt aber gleich nach: Pferde haben grundsätzlich sogar einen sehr guten Orientierungssinn. Allerdings braucht es Motivation und Training, dass sie ihn einsetzen.
Bei Grzimeks Stuten fehlte es vermutlich an beidem. Tierfreundlich wie er war, hatte er nämlich für seine Versuche nur Stuten genommen, die keine Fohlen hatten. Ergo hatte auch keine von ihnen einen Grund, sich sofort in Richtung Heimat in Bewegung zu setzen.

Pferde schlafen im Stehen

Zugegeben: Es sieht oft genug so aus. Man kommt kaum einmal an einer Koppel mit mehreren Pferden vorbei, auf der nicht ein Pferd mit

hängenden Ohren und geschlossenen Augen, einem hochgezogenen Hinterbein und total entspanntem Gesicht zu schlafen scheint. Und mancher von uns beneidet die lieben Tiere um diese Fähigkeit. Wenn unsereins im Stehen schlafen könnte – was würde das den morgendlichen Weg ins Büro in der überfüllten S-Bahn erleichtern!

Tatsache ist aber: Pferde können nicht im Stehen schlafen. Wenn sie wirklich tief und fest schlafen wollen, müssen sie sich ebenso wie wir dazu hinlegen. Und Tiefschlaf mit Traumphasen, die das Gehirn offensichtlich braucht, um die täglich auf uns einstürmenden Eindrücke zu verarbeiten, erreichen auch Pferde nur, wenn sie sich richtig entspannen können.

Und da kommen wir dann in den Bereich, in dem Pferde um ihr Schlafverhalten überhaupt nicht mehr zu beneiden sind. Stellen Sie sich einfach einmal vor, sie müssten ohne Zelt, ohne Schutz, aber im Wissen, dass um Sie herum jede Menge hungriger Tiere unterwegs sind, die Sie zum Fressen gern haben, irgendwie auf der Steppe schlafen. Die meisten von uns würden die ganze Nacht kein Auge zu tun. Pferden geht es vermutlich ähnlich. Selbst unsere domestizierten Hauspferde haben immer noch genug Instinkt, um ständig fluchtbereit zu sein. Schlaf gönnen sie sich nur, wenn es gar nicht mehr anders geht, wenn sie vor Müdigkeit fast von den Beinen kippen. Und selbst dann wird es keineswegs der achtstündige Schönheitsschlaf, der unsereinem immer empfohlen wird. Pferde schlafen selten einmal länger als 20 oder 30 Minuten am Stück, und das auch nur, wenn sie im Rahmen ihrer vertrauten Herde sind und sich darauf verlassen können, dass die anderen Pferde auf sie aufpassen. Dabei kommen sie dann im Lauf von 24 Stunden selten zu mehr als zwei oder drei Stunden Schlaf. Und das scheint selbst für Pferde, deren Schlafbedürfnis offensichtlich weniger ausgeprägt ist als unseres (dank unserer Vorfahren, die auf den Trick mit dem Verstecken in der Höhle gekommen sind, können wir uns mehr Schlaf leisten), etwas wenig zu sein. Darum versuchen sie, den fehlenden Schlaf durch Dösen zu ersetzen. Und es scheint bis zu einem gewissen Grad zu helfen.

Pferde sticht der Hafer

Wenn der Hafer sticht – ist es nicht ausgeschlossen, dass das Pferd sich als nächstes vor der Apotheke übergibt. Ersteres – die Behauptung, dass Hafer auf Pferde wie Alkohol wirke und sie wild und unkontrollierbar mache – ist genauso unzutreffend wie der Glaube, dass Pferde sich übergeben könnten. Ihre Anatomie erlaubt es ihnen nicht, „rückwärts zu vespern“. Was beim Pferd

vorne eingefüllt wird, muss früher oder später hinten wieder herauskommen.
Das gilt selbstverständlich auch für Hafer. Und dass er unterwegs eine berauschende Wirkung hätte, ist wirklich nicht wahr. Wahr ist aber, dass er für Pferde leichter und besser verdaulich ist als jedes andere Futter, und dass er optimal in Energie umgesetzt wird. Darum darf es bei Hafer ruhig etwas weniger sein. Doch selbst ein wenig zu viel von den aromatischen Körnern führt nicht gleich dazu, dass das Pferd sich aufführt wie ein Junggeselle am Vatertag. Und übrigens ist Hafer auch nicht das einzige Getreide, das man Pferde füttern kann. In orientalischen Ländern, wo Hafer nicht gedeiht, ist die Fütterung mit Gerste üblich.

Koppen ist ansteckend und führt zu Koliken

Kennen Sie die sicherste Methode, einen Reitstall richtig aufzumischen? Nein? Ganz einfach: Schaffen Sie sich ein Pferd an, das koppt, und stellen Sie es mitten in den Stall. Dann lernen Sie vermutlich innerhalb von drei Tagen alle Nachbarpferdebesitzer kennen. Die Frage ist nur, ob die Begegnungen mit ihnen immer erfreulich sein werden. Mindestens einer wird nämlich von Ihnen verlangen, den Kopper in Isolierhaft zu bringen, weil er sonst mit seiner schlechten Gewohnheit alle anderen Pferde anstecken wird. Und die Dame, deren Rösslein direkt neben Ihrem Kopper steht, wird Sie vermutlich bedauern, weil Sie ja jederzeit damit rechnen müssen, dass Ihr Pferd mit einer schweren Kolik aus den Hufen kippt. Dafür wird aber der Herr von gegenüber einen Tipp haben: Ein Kopperriemen, eng um den Hals geschnallt – und schon ist das Problem gelöst. Dem wird unter Garantie jemand widersprechen – und Ihnen zu einer Operation raten.

Ein koppendes Pferd fördert die Kommunikation im Stall. Und damit kann es im günstigsten Fall sogar etwas gegen die Ursache dieser Verhaltensstörung tun. Koppen – wobei die Pferde Luft einziehen und sie mit einem oft deutlich hörbaren Kopp-Geräusch wieder herauslassen – ist nämlich fast immer auf Langeweile zurückzuführen. Ein Pferd, das 23 Stunden am Tag in der Box steht und nichts Anderes zu tun hat als die Wände anzuschauen, weiß irgendwann

überhaupt nicht mehr, was es mit sich anfangen soll. Je nach Temperament entwickelt es dann eine „Macke" – wie das Koppen oder das Weben, bei dem das Pferd stereotyp von einem Vorderbein auf das andere tritt, wobei es den Kopf in einer Bewegung, die an das Hin-und-Her des Weberschiffchens erinnert, bewegt.
Doch im Gegensatz zur landläufigen Meinung ist Koppen definitiv nicht ansteckend. Allerdings fühlen sich in einem Stall, in dem sich einer so sehr langweilt, dass er zu koppen anfängt, vermutlich auch

andere Pferde nicht eben bestens unterhalten. Damit sind auch sie anfällig – ganz ohne Ansteckung.
Und Koppen führt nicht zu Koliken. Die Behauptung, dass dabei Luft geschluckt werde, die dann zu Blähungen und in deren Folge zu Koliken führe, ist falsch. Die beim Koppen eingesogene Luft kommt nämlich gar nicht erst in den Magen, sondern nur in die Speiseröhre. Dass Kopper dennoch oft eine erhöhte Kolik-Tendenz zeigen, liegt an zwei anderen Faktoren: Erstens sind Kopper meist relativ sensible Pferde – dickfellige würden sich ja nicht langweilen. Und als solche sind sie für Magen-Darm-Störungen anfällig. Zweitens neigen Kopper dazu, ihr Futter hinunterzuschlingen, ohne es richtig zu kauen – und das führt dann zu Koliken.
Doch auch wenn man heute in Sachen „Koppen“ größtenteils Entwarnung gibt und daher glücklicherweise nicht mehr versucht, mit Zwangsmaßnahmen wie eng geschnallten Kopperriemen oder gar Operationen dagegen vorzugehen: Ernst nehmen sollte man es trotzdem, wenn ein Pferd mit dem Koppen anfängt. Es zeigt damit nämlich, dass es sich nicht wohl fühlt. Und wer das Signal richtig versteht, kann im Frühstadium durchaus etwas gegen das Koppen tun: Raus mit dem Pferd aus der Einzelbox, rein in die Gruppenhaltung mit Koppelgang. Dort ist nämlich meist für so viel Unterhaltung gesorgt, dass dem Rösschen keine Zeit mehr bleibt, stundenlang zu koppen.

Die Pferdemähne ist ein natürlicher Wetter- und Insektenschutz

Noch eine gute Möglichkeit, größere Debatten im Stall auszulösen: Scheren Sie Ihrem Pferd im Sommer die Mähne. Es wird sich unter Garantie der eine oder andere zweibeinige Stallkamerad finden, der Ihnen erklärt,

dass das gar nicht nett von Ihnen war, weil Sie Ihr Pferd damit seines natürlichen Wetter- und Insektenschutzes beraubt haben.
Dem dürfen Sie dann allerdings empfehlen, sich einmal ein Przewalski-Wildpferd oder einen Sorraia anzuschauen. Ersteres hat keinen Schopf und braucht offensichtlich auch keine Walle-Mähne, um sich vor Wind, Wetter und Insekten zu schützen. Es trägt eine punkige Stehmähne. Und die Sorraias, die in einer Gegend leben, in der im Sommer mehr Moskitos als Grashalme zu finden sind, haben auch keine dicke Mähne, sondern im Gegenteil eine sehr feine, zarte, die im Sommerfell meist sogar sehr kurz ist.
Zu Deutsch: Pferde brauchen weder Mähne noch Schopf, um sich vor Wetter und Insekten zu schützen. Das prachtvolle Langhaar, das sie am Vorderende spazieren tragen, ist „Dekoration" – und zudem eine, die wir Menschen den Pferden angezüchtet haben.

Allerdings: Das Langhaar am anderen Ende – der Schweif – wird gebraucht. Er ist der Fliegenwedel und sein vor allem bei Robustpferden oft sehr buschiger Ansatz dient tatsächlich als Wetterschutz für die empfindliche Pferdekehrseite.

Knochenbrüche bei Pferden sind tödlich

Die Gleichung „Beinbruch = Kopfschuss" geistert noch immer in vielen Köpfen umher, und tatsächlich war früher ein Beinbruch fast immer das Todesurteil für ein Pferd. Die Tiermedizin hatte schlichtweg keine Möglichkeit, das gebrochene Bein so lange ruhig zu stellen und zu stabilisieren, bis der Knochen wieder zusammengewachsen war. Ein Gips, wie er bei uns Menschen üblich ist, kann dem Gewicht, das ein Pferd auf sein Bein bringt, nicht standhalten; eine Schiene, die es vielleicht könnte, wäre zu schwer; außerdem käme es wahrscheinlich während der langen Genesungszeit zu einer Überlastung des gegenüberliegenden Beines.
Doch inzwischen haben sich sowohl in der Human- wie auch in der Veterinärmedizin die Behandlungsmöglichkeiten für gebrochene Knochen verbessert. Das ist vor allem den Fortschritten in der Chirurgie zu verdanken, in der so raffinierte Tricks wie die Knochenmarknagelung, die Verschraubung gebrochener Knochen, und sogar der Einsatz von betonartigen Substanzen zur Stabilisierung von Brüchen entwickelt wurden. Und da inzwischen auch die Anästhesie so weit fortgeschritten ist, dass Pferde eine reelle Chance haben, eine lange Operation unter Vollnarkose überstehen können, sind inzwischen die meisten Beinbrüche beim Pferd operabel und heilbar. Es gibt sogar Sportpferde, die mit einem einmal genagelten oder gedrahteten Bein erfolgreich sind. Die modernen Tierkliniken machen es möglich.

Das Alter von Pferden wird nach dem Gebiss bestimmt

Der Volksmund weiß es mal wieder genau: Er empfiehlt, einem geschenkten Gaul nicht ins Maul zu schauen. Dabei geht er allerdings auch von dem aus, was in hunderten von Pferdebüchern nachzulesen und mit Schemazeichnungen und Tabellen belegt ist: Dass man an den Zähnen eines Pferdes sein Alter abschätzen könne.

So ist zum Beispiel im „Handbuch Pferd" zu lesen: „Zahnaltersschätzung ... Sie erfolgt bis zum 8. Lebensjahr an den Unterkieferschneidezähnen durch folgende Daten: Durchbruch der Milchzähne, Durchbruch der bleibenden oder Ersatzzähne ... und Abnutzungserscheinungen ... Ab dem 8. Lebensjahr wird die Zahnschätzung ungenauer ..."[1] Es wird aber dennoch eine Schemazeichnung geliefert, nach der man das Alter von Pferden bis zu ihrem 25. Lebensjahr bestimmen können soll.

Zwischen 1985 und 1986 machte sich Irmgard Rieger die Mühe, für ihre veterinärmedizinische Doktorarbeit die Zähne von 1124 Englischen Vollblütern genau anzuschauen. Dabei hatte sie es durchgehend mit Pferden zu tun, deren genaues Geburtsdatum bekannt war. Sie legte die bekannten Schemata der Altersbestimmung an und kam zu dem Schluss, dass der Trick, den Pferden ins Maul zu schauen, bis zu ihrem sechsten Lebensjahr gute Ergebnisse liefere. Doch dann wird es nicht nur „ungenauer", sondern zum Glücksspiel. Irmgard Rieger schrieb im Fazit ihrer Doktorarbeit darüber: „... nur 34 % der Pferde wurden mit dem richtigen Alter geschätzt, 50 % wurden wenigstens ein Jahr (bis zu drei Jahren) zu alt und 16 % wenigstens ein Jahr (bis zu drei Jahren) zu jung eingeschätzt."[2] Das ergibt

---

1 „Handbuch Pferd", BLV-Verlag, München 1992.

2 Irmgard Rieker: "Research on Determining the Age of the English Thorough-Bred (Race Horse) by Examining the Teeth", Berlin, Freie Univ., Diss., 1987, Übersetzung: S. L. Binder.

also eine Gesamtfehlerquote von 66 % – und damit ist klar: Man sollte Pferden wirklich eher aufs Papier als ins Maul schauen, wenn man etwas über ihr Alter wissen will. Und da heutzutage das Fälschen von Papieren gar nicht mehr so einfach ist – unsere Warmblüter sind ja alle mit einem Nummernbrand versehen, der die Identifizierung erleichtert – und da außerdem in den nächsten Jahren damit zu rechnen ist, dass die europäischen Pferde mit ID-Chips ausgestattet werden, kann man also die Zahnaltersbestimmung bei älteren Pferden weitgehend vergessen.

Weiße Pferde werden grundsätzlich dunkel geboren

Der Satz stimmt – für Schimmel. Aber nicht für alle weißen Pferde. Verwirrende Aussage? Dann lassen Sie mich das Ganze ein wenig auseinanderklabüstern.

Also: Schimmel sind weiße Pferde, deren weißes Fell durch das gleiche Phänomen verursacht wird, dem auch wir das Ergrauen unserer Haare verdanken: Der Melaningehalt des Haares sinkt im Lauf der Jahre. Während die im Haar befindlichen Melanozyten, i.e. die Melanin produzierenden Zellen, in unseren jungen Jahren jede Menge Melanin herstellen, werden sie mit dem Alter fauler; dann werden an Stelle der bunten Melanin-Pigmente Luftbläschen ins Haar eingebaut, wodurch es grau oder weiß aussieht.

Bei Schimmeln verläuft dieser Alterungsprozess schneller als bei anderen Pferden. Sie werden dunkel geboren, bekommen aber oft schon beim ersten Haarwechsel weiße Stichelhaare, durchlaufen dann verschiedene Stadien vom Grau- über den Apfelschimmel, bis sie schließlich im Alter von 5 bis 10 Jahren ganz weiß werden.

Es gibt aber auch weiß geborene Pferde. Sie sind das Ergebnis einer willkürlich auftretenden Genmutation, bei der die Haare überhaupt kein Melanin produzieren. Sie kommen in fast allen Rassen vor, besonders häufig bei Haflingern und Englischen Vollblütern.

Weiß geborene Pferde können aber auch das Ergebnis zweier anderer Genmutationen sein, die problematischer sind. Die eine kommt fast ausschließlich bei amerikanischen Western-Pferden mit Overo-Zeichnung vor. Bei ihnen werden manchmal – durch einen Gendefekt verursacht – weiße Fohlen geboren, die leider neben dem hellen Fell auch noch einen genetisch bedingten Darmverschluss mit zur Welt bringen, der nach ungefähr 24 – 48 Stunden zum Tod des Fohlens führt. Diese Form von Gendefekt nennt man OLWS, Overo Lethal White Syndrome; man versucht ihn heute weitgehend aus der

Zucht auszuschließen, indem man Overos einem Gentest unterzieht.

Der zweite Gendefekt, der zu weiß geborenen Fohlen führen kann, ist der Albinismus. Zum Albinismus kommt es dann, wenn überhaupt kein Melanin in den Zellen produziert wird. Dann ist nicht nur das Fell, sondern auch die Haut darunter durchscheinend weiß, außerdem sind die Augen rot. Albinismus ist bei Pferden nicht erwünscht, da die Albinos durch ihre extreme Lichtempfindlichkeit keine hohe Lebenserwartung haben.

Und um in diesem Zusammenhang gleich noch einen Irrtum aufzuklären: Die in Amerika gezüchteten Cremellos – extrem helle Pferde mit blauen Augen – sind keine Teil-Albinos, denn Albinismus wird über ein anderes Gen vererbt. Was den Cremello ausmacht, ist ein Cremello-Gen, das außer der Färbung zumindest nichts Negatives bewirkt.

Alle Araber sind Schimmel

Nachts, so sagt man, seien alle Katzen grau. Das ist wahr. Unwahr ist aber, dass – ungeachtet der Tages- oder Nachtzeit – alle Araber weiß sind. Man liest es manchmal, und obendrauf gibt's dann gleich eine Begründung: In der Wüste, in der die Araber schließlich ursprünglich daheim wären, sei Weiß die ideale Farbe, weil sie die Sonne nicht so anziehe wie z.B. Schwarz. Darum, so bekommt man dann oft auch noch erzählt, würden auch die Beduinen vorwiegend weiß tragen.

Manchmal hört man aber noch eine andere Begründung, warum (fast) alle Araber weiß sein sollen: Es zeige, dass sie eine sehr „reine" Rasse seien. Dadurch, dass sie sich ohne Fremdeinflüsse von den Urpferden hinweg zu ihrer heutigen Form entwickelt haben, gebe es bei ihnen fast keine Farbvarianz.

Die Erklärung hat einen großen Haken: Urpferde sind nicht weiß. Die beiden letzten überlebenden Urpferderassen, die mongolischen Przewalski-Pferde und die portugiesischen Sorraias, sind Falben. Dabei umfasst die Bezeichnung „Falbe" eine große Farbpalette. Falben gibt es in allen möglichen Grauschattierungen vom dunklen stahlgrau bis zu einem fast weißen Grau; sie treten aber auch in Braungrau und allen denkbaren Erdbrauntönen auf. Und zum Urpferd gehört außerdem fast immer die Zebrastreifung an den Beinen und der „Aalstrich" – ein tiefschwarzer Streifen, der sich vom Hals über den Rücken bis zur Schweifwurzel zieht.

Rassen, die dem Urpferd nahe stehen und ohne viel Fremdeinfluss gezüchtet worden sind, zeigen diese Farben und oft auch noch die Zebrastreifung. Typisch dafür sind zum Beispiel die norwegischen Fjordponys. Sie sind Falben mit Aalstrich. Weiße Abzeichen oder gar Schimmel kommen bei ihnen nicht vor. Dafür aber weiß man von Kreuzungsversuchen, dass es vom Falben zum Braunen, Fuchs oder Rappen nicht weit ist.

Bleibt also die Überlegung, ob „ganz in weiß" vielleicht einmal Mode in der Wüste war. Bei den zweibeinigen Arabern ist dem nicht so. Sicher, es gibt einige Beduinenstämme, die weiß tragen. Das berühmte Bild von Peter O'Toole, der als „Lawrence of Arabia" ganz in weiß die Beduinenstämme in den Kampf führte – das entspricht der historischen Wahrheit. Allerdings war ein Teil der Beduinen, der hinter dem englischen Offizier ritt, in dunkle Gewänder gehüllt. Bei einigen Stämmen waren dunkle Farben – blau und schwarz und auch diverse Brauntöne – Mode.

Bei den Vierbeinern war es ebenso. Blau trugen sie zwar nie, aber sonst treten sie in allen Farben auf, die Mütterchen Natur für Pferde vorgesehen hat. Und die dunklen – wie zum Beispiel der edle Rappe Gharib ox, der viele Jahre Deckhengst im Württembergischen

Haupt- und Landgestüt Marbach a.d. Lauter war oder sein brauner Nachfolger Serenity Habib ox – sind meist sogar gerade wegen ihrer Farbe besonders begehrt. Allerdings haben sie es schwer, sich bei ihren Kindern durchzusetzen. Es gibt nämlich bei den Arabern tatsächlich vorwiegend Schimmel – und Weiß wird meist dominant vererbt. Wenn eine Stute nicht von einem Elternteil schon ein wenig „dunkle Erbmasse" mitbekommen hat, wird sie auch mit einem dunklen Araberhengst meist kein dunkles Fohlen bekommen, denn bei ihm kann man fast immer auch davon ausgehen, dass er Schimmelblut hat.

Alle Lipizzaner sind Schimmel

Zweiter Versuch: Alle Lipizzaner sind SCHIMMEL. Ätsch – schon wieder nichts! Es gibt nur eine Rasse, in der es tatsächlich nur Schimmel gibt: Die französischen Camargue Pferde, die im Rhone-Delta halb wild leben.

Was nun die Lipizzaner angeht, so zeigt eigentlich schon ihre Herkunft, dass sie nicht alle Schimmel sein können. Die Rasse hatte sechs Stammväter. Ihre Namen sind heute noch „Vornamen" aller klassisch gezogenen Lipizzaner, die grundsätzlich einen Doppelnamen tragen: Vorne steht der des Vaterstammes, hinten der der mütterlichen Familie. Die sechs Stammväter waren der 1765 im dänischen Hofgestüt Frederiksborg geborene Andalusier Pluto; die beiden Neapolitaner Conversano (geboren 1767) und Neapolitano (geboren 1790); die beiden Kladruber Favory (geboren 1779) und Maestoso (geboren 1786) und der Araber Siglavy (geboren 1810). Dazu kommen 18 Mutterlinien – und, weil sich die Kombinationen ja doch öfter wiederholen würden, Ordnungszahlen. Daraus ergeben sich dann Namenskombinationen wie zum Beispiel Favory Dubovina II oder Maestoso Thais XXI.

Dazu gibt es heute übrigens noch eine relativ wichtige Linie – die Tulipans. Sie stammt nicht aus dem ehemaligen k.u.k. Staatsgestüt Lipizza, sondern aus Ungarn – und liefert übrigens selten Schimmel, sondern meist Braune mit Abzeichen.

Und auch bei den anderen Linien können durchaus andere Farben als Weiß vorkommen. Von den sechs Stammvätern waren nämlich nur drei – Pluto, Maestoso und Siglavy – Schimmel. Conversano war Rappe, Neapolitano war braun, und Favory schließlich war Falbe.

Dennoch: Im österreichischen Staatsgestüt Piber und im slowenischen Lipica sind dunkle Pferde eher selten. Doch in der ungarischen, und vor allem der rumänischen Lipizzanerzucht, die mit rund 5000 Zuchtstuten eine der größten ist, sind ein Drittel aller Pferde Braune und Rappen.

Rappen sind die besten Rennpferde und Füchse besonders temperamentvoll

Ich vermute, es gehört zum Programm jeder Frau, die von der Natur nicht gerade mit goldblondem Haar bedient wurde: Irgendwann einmal experimentiert sie mit

ihrer Haarfarbe herum – und durchläuft eine „rote Phase". Ich war während meiner kupferrot und sehr mit Pferdezucht befasst, und so wurde ich dann prompt einmal am Rand einer Stutenshow von einem Züchter mit einer Bemerkung über mein Temperament angeschäkert: „Du bisch halt a richtig's Füchsle! Die haben alle Pfeffer im Hintern!" Und sein Begleiter addierte obendrauf: „Pass auf, Kerle – die Rote sind g'fährlich!"

Der Glaube, dass Füchse „heißer" seien als andere Pferde, hält sich bei Pferdeleuten hartnäckig. Und ebenso scheint die Idee, dass schwarze Pferde besonders schnell seien, nicht auszurotten zu sein. Besonders heldenhafte Romanpferde – ob sie nun bei Karl May auftauchen und „Hatatitla", „Iltschi" (übrigens: Zu den beiden gibt's später noch was zu sagen) heißen, oder ob sie „Blitz, der schwarze Hengst" genannt werden – schwarz scheint gleich „schnell" zu sein. Was das angeht, lohnt sich ein Blick in die aktuelle (Stand: 25.09.04) Rangliste des Direktoriums für Vollblutzucht und Rennen. Die 10 erfolgreichsten Rennpferde in Deutschland 2004 waren:

1. Warrsan, 6jährig, brauner Hengst
2. Shirocco, 3jährig, brauner Hengst
3. Amarette, 3jährig, braune Stute
4. Malinas, 3jährig, brauner Hengst
5. Albanova, 5jährig, Schimmelstute
6. Egerton, 3jährig, brauner Hengst

7. La Ina, 3jährig, Fuchsstute
8. Rotteck, 4jährig, brauner Hengst
9. Lucky Strike, 6jährig, dunkelbrauner Wallach
10. Shapira, 3jährig, Fuchsstute.

Die Liste zeigt es schon: Nichts mit Rappen. Um einen unter den Top Ten zu finden, musste ich bis ins Jahr 1997 zurückgehen.

Gewundert habe ich mich darüber allerdings nicht. Rappen sind relativ selten – und Farbe ist nun mal nicht ausschlaggebend. Das gilt für Pferde wie für Menschen. Und unter den Rappen ist der Anteil an Superchampions genauso groß oder klein wie unter den Füchsen, Schimmeln und Braunen. Die Häufung der Braunen in der obigen Liste rührt einfach daher, dass in der Vollblutzucht Braun die häufigste Farbe ist.

Eigentlich gibt es nur zwei Bereiche rund ums Pferd, bei denen die Farbe definitiv eine Rolle spielt: Fahren und Dressurreiten. Bei den Fahrern ist es klar, dass sie gerne innerhalb von Rassen einkaufen, in denen alle Pferde die gleiche Farbe haben – wie zum Beispiel bei den schwarzen Friesen, den Lipizzanern oder den in Holland speziell als Fahrpferden gezüchteten Gelderländern, die fast alle Füchse mit viel weiß sind. Auch wenn es für Gespanne, die im internationalen Fahrsport unterwegs sind, keine Farbvorschriften gibt und ein Fahrer jederzeit mit zwei oder vier verschiedenen Pferden antreten dürfte – die Fahrrichter sind auch nur Menschen und ein Gespann mit einheitlich gefärbten Pferden sieht nun einmal harmonischer aus als eines mit unterschiedlichen.

Der Dressurreiter Faible für „B.o.A." (Braun ohne Abzeichen), wie es dann in den Papieren des jeweiligen Pferdes steht, hat absolut nichts damit zu tun, dass einfarbige Braune besonders talentiert die Hüfchen schwingen. Es hat wieder etwas damit zu tun, dass Richter Menschen sind. Und für sie ist eines der wichtigsten Kriterien bei

der Dressurbewertung die „Taktreinheit“ der Gänge – das heißt, ob alle vier Beine gleichmäßig im Takt treten. Und nun stellen Sie sich ein Pferd vor, das zum Beispiel vorne rechts ein weißes Stiefelchen trägt und vorne links einen weißen Kronrand hat. Und dann vielleicht noch hinten ein Bein hochweiß und eines braun? Können Sie sich vorstellen, wie genau Sie bei so verschieden gefärbten Beinen hinsehen müssen, um zu erkennen, ob alle vier gleichmäßig treten? Und die Gefahr, einen Taktfehler zu sehen, wo gar keiner war, ist bei vier unterschiedlich gefärbten Beinen sicher ausgeprägter als bei vier gleichmäßig braunen.
Und mit den Abzeichen im Gesicht ist es nicht anders. Eine Blesse, die schräg verläuft, kann dazu führen, dass das Pferd aussieht, als ob es seinen Kopf schräg halten würde – was in der Dressur auch als Fehler gilt. Auch hier wieder sind die ohne Abzeichen im Vorteil.
Gleichmäßige Abzeichen verkleinern das Problem übrigens auch. Deswegen wird bei Dressurreitern durchaus auch einmal getrickst. So manches Pferd, bei dem zum Beispiel die Vorderbeine unterschiedlich hoch weiß eingefärbt sind, wird mit ein wenig weißer Kreide „vereinheitlicht“, während andersrum eine weiße Krone an einem braunen Bein schon einmal braun gefärbt wird. Dem Pferd tut es nicht weh – und den Richtern fällt die Beurteilung dann hoffentlich leichter.

Generell gilt aber der Satz: Ein gutes Pferd hat keine Farbe. Ob schwarz, braun, Fuchs, Schimmel oder Schecke: Tempo und Temperament, Dressurtalent und Nervenstärke sind von anderen Faktoren als der Farbe abhängig. Ob man Braune oder Schimmel bevorzugt, ist allein eine Sache des persönlichen Geschmacks.

Europäische Warmblüter sind keine Schecken

Angeblich hat man aus unseren Pferden das Scheck-Gen herausgezüchtet. „Bunte Kühe", so sagte mir einmal ein Züchter, seien in der Sportpferdezucht nicht gefragt.

Doch Gene sind kompliziert. Auch wenn bei Europas Sportpferdezüchtern Schecken nicht gefragt sind und daher schon seit vielen Jahrzehnten „klare" Farben – inzwischen sogar bevorzugt Dunkelbraun mit möglichst wenig Abzeichen, weil die ja angeblich an einem Dressurpferd störend wirken – gezüchtet werden: Das

Scheck-Gen ist immer noch da und manchmal taucht es auch wieder auf.
So zum Beispiel bei vielen Nachkommen des in Deutschland sehr erfolgreich wirkenden französischen Hengstes Furioso II. Er war ein recht bunter Fuchs und hatte am Bauch ein weißes Abzeichen, das eindeutig von einem Scheck-Gen verursacht war. Dieses vererbte er fröhlich weiter, und mit seiner Verbreitung in der europäischen Sportpferdezucht dürfte sein Scheck-Gen inzwischen auch wieder gut eingezüchtet sein.
Auch in der Trakehnerzucht taucht hin und wieder das Scheck-Gen auf, und zwar nicht nur bei polnischen (unter ihnen gibt es tatsächlich Schecken, die sich in voller Farbenpracht zeigen), sondern auch bei deutschen Trakehnern. So ist z.B. in der sehr wichtigen und für einige Hengste verantwortlichen Stutenlinie der Herbstblüte immer mal wieder ein ausgesprochen bunter Fuchs mit weißen Flecken an Stellen, die eindeutig auf ein Scheck-Gen hinweisen, aufgetaucht.

Alle heutigen Pferderassen gehen auf vier Urpferde-Typen zurück

Die vier Urpferde-Typen werden in manchen Büchern beschrieben. Demnach soll es einen Ur-Kaltblüter, einen Ur-Warmblüter, einen Ur-Vollblüter und ein Ur-Pony gegeben haben, auf die alle heutigen Pferdetypen zurückgehen.
Wer sich das ausgedacht hat, hatte offenkundig wenig Ahnung davon, wie ungeheuer anpassungsfähig Pferde sind – und dass ihre evolutionäre Entwicklung immer noch nicht zu Ende ist. Das beweist gerade eine relativ neu entdeckte Unterart der amerikanischen Mustangs, die Curlies. Sie tragen ein gelocktes Fell und sehen damit aus wie Pudel. Entwickelt haben sie sich im kalten Montana,

wo das gelockte Fell wahrscheinlich von Vorteil ist, weil es besser warm hält als ein glattes. Und dass es wirklich eine Neuentwicklung ist, haben Untersuchungen der Tierärztlichen Universität in Hannover gezeigt. Dort hat man nämlich herausgefunden, dass die Eiweißmoleküle im Curly-Fell anders zusammengesetzt sind als die im glatten Fell von Mustangs und anderen Pferden, was den Curlies übrigens einen weiteren Überlebensvorteil bietet: Sie werden inzwischen nicht nur deswegen gezielt und vermehrt gezüchtet, weil sie putzig aussehen, sondern auch, weil Pferdehaar-Allergiker problemlos mit ihnen umgehen können.

Doch zurück zu unseren vier Urtypen: Die gab es nicht. Alle Pferde – ob nun Pony, Riesen-Kaltblüter oder edler Renner – stammen von **einem** Urpferdetyp ab, dessen nächste noch lebende Verwandte die eurasischen Przewalskis sind.

Die früher oft gegen diese These aufgeführte Tatsache, dass das *Equus Przewalskii Poliakow* mit 66 Chromosomen aufwarten kann, während das *Equus Caballus*, also unser Hauspferd, nur 64 hat, widerspricht übrigens der Abstammungstheorie keinesfalls. Neuere Untersuchungen haben nämlich ergeben, dass die Chromosomen des *Equus Caballus* im Verlauf ihrer Entwicklung irgendwann eine Robertson'sche Translokation durchgemacht haben. Bei dieser häufigen Genveränderung kommt es zu einer Verschmelzung von zwei sich gegenüberliegenden Chromosomenpaaren. In den meisten Fällen verläuft sie völlig problemlos für das betroffene Individuum und schränkt auch seine Vermehrungsfähigkeit nicht ein. Doch bei Menschen kann die Robertson'sche Translokation Schwierigkeiten bereiten – wenn sie die Chromosomenpaare zwischen 14 und 21 und 21 und 22 befällt. Dann ist sie nämlich verantwortlich für die Trisomie 21, das so genannte „Down-Syndrom", früher auch Mongolismus genannt.

PFERDE UNTEREINANDER – UND ANDERE VIECHEREIEN

Der Hengst ist der Chef unter den Stuten

Wenn ich lese, wie manche Leute sich das Familienleben von Pferden vorstellen, überkommt mich eine Vision. Dann denke ich an die Ponyherde eines Freundes, die halbwild durch die Berge von Connemara streift, und vor meinem inneren Auge entwickelt sich folgende Szene:

Leitstute [liegt auf dem Rücken und strampelt vergnügt mit allen vier Hufen]: „Kinders, das glaubt ihr nicht!" [quietscht vor Vergnügen]. [Drei andere Stuten – die Schwester und die Stellvertreterin der Leitstute, eine braune und eine Schimmeltochter – kommen näher].

Stellvertreterin: „Was amüsiert dich so?"

Leitstute [springt auf die Beine, schüttelt ihre Mähne]: „Ich habe diese Menschin getroffen, und sie hat mir aus einem Buch etwas über unser Familienleben vorgelesen."

Braune Stute [mit Kulleraugen]: „Menschen wissen etwas über unser Familienleben?"

Leitstute: „Nee. Sie glauben nur, sie wüssten etwas. Aber was sie glauben ..." [bricht in wieherndes Gelächter aus].

Stellvertreterin: „Erzähl!"

Leitstute [nachdem sie sich von ihrem Lachanfall erholt hat]: „Die Zweibeiner sind besonders von unseren Kerlen fasziniert. Das Symbol von Kraft und Eleganz und Männlichkeit ..."

Schimmelstute [mit verträumten Augen]: „Hach! Wenn ich an den Schwarzen denke, der uns neulich an der Quelle begegnet ist ..."

Stellvertreterin [mit verdrehten Augen]: „Oh mei – Schimmelchen wird rossig!"

Leitstute: „Aber könnt ihr euch vorstellen, dass die Zweibeiner wirklich glauben, unsere Hengste würden unsereins ‚erobern'? Unter Aufbietung ihrer überlegenen Körperkräfte? Und wenn sie richtig gut sind – so steht's jedenfalls in einigen ihrer Bücher – erobern sie sogar Dutzende von uns! Und dann leben wir in einem Harem, den der Herdenhengst mit eisernem Huf regiert! Und wir sind ihm natürlich treu ergeben und himmeln ihn ganzjährig an, so wie unser Schimmelchen den Schwarzen. Und wir wechseln nur dann den Hengst, wenn unser Herdenhengst von einem stärkeren, überlegenen Hengst im Kampf besiegt wird. Außerdem führt der Hengst die Herde ..."

Stellvertreterin [kann es offensichtlich nicht fassen und schaut darum ungläubig auf die Chefin]: „Wie bitte?"

Braune Stute: „Sie erobern uns? Die Kerle? Uns?"

Schimmelstute [schwingt kokett den Schweif]: „Och, ich hätte nichts dagegen, von dem Schwarzen erobert zu werden ..."

Leitstute: „Mädchen, überleg dir das gut! Ein muskulöser Hintern macht noch lange keinen guten Vater für deine Fohlen. Und der Bengel ist sehr jung. Ich weiß nicht, ob der außer Rumbrüllen schon was drauf hat."

Stellvertreterin: „Richtig. Bei der Auswahl seines Kerls kann man nicht vorsichtig genug sein." [Schaut die Leitstute an]. „Hat dir die Menschin auch verraten, warum wir einem Herdenhengst treu ergeben sein sollen? Und wie er uns regiert?"

Leitstute: „In ihrem Buch stand, dass unser Instinkt dafür sorgt, dass wir uns dem Hengst unterordnen."

Stellvertreterin [stampft mit den Hufen]: „Das ist beleidigend! Wir uns einem Kerl unterordnen! So weit kommt es noch!"

Braune Stute [kichert]: „Unser Dicker sollte mal versuchen, uns zu führen ..."

Stellvertreterin [nachdenklich]: „Ich möchte mal wissen, wie die

Zweibeiner auf solche Ideen kommen. Wie, glauben die, hält so ein Herdenhengst einen Riesenharem zusammen? Er kann doch nicht 24 Stunden am Tag um seine Herde herumrennen wie ein Schäferhund und jede zurückbeißen, die sich mal ein paar Schritte entfernt. Er muss doch schließlich auch fressen und schlafen!"

Schimmel [mit Plüschaugen]: „Und flirten. Ich würd's mögen, wenn der Schwarze mit mir flirten würde. Zusammen mit ihm galoppieren und spielen ... und ich glaube, ich würde ihm sogar erlauben, ein bisschen an meinem Widerrist zu knabbern. Er macht das sicher sehr zärtlich ..."

Braune: „Schimmel, hast du eigentlich überhaupt keinen Stolz? Bei mir müsste der mindestens eine Woche Show veranstalten, bevor ich ihn auch nur mit dem Hintern angucken würde."

Leitstute: „Eben. Wir lassen uns schließlich nicht mit jedem Kerl ein. Wir wissen, was davon abhängt, den Richtigen zu erwischen!"

Zurück zur Realität: Während wir Zweibeinerinnen noch in der Frauengruppe diskutieren, haben die Pferdedamen die Emanzipation schon längst bewältigt. So lautstark ihre Herren sich auch gebärden und so sehr sie bei ihren Rivalitäten miteinander die Macker heraushängen lassen – im Umgang mit ihren Damen sind raue Sitten bestimmt nicht gefragt. Ganz im Gegenteil: Die kleinen Familienverbände – wie viele Pferde zu einem Verband gehören, ist von der Größe und vom Futterangebot in ihrem Revier abhängig, doch es sind selten mehr als ein Dutzend Individuen – werden von einer erfahrenen Stute geführt. Sie weiß, wo es Wasser und Futter gibt, sie schlichtet Rangstreitigkeiten und sorgt für Harmonie in der Familie. Davon profitiert auch der Hengst. Ansonsten hat er eine klar definierte Aufgabe in der Familie: Er ist für die Verteidigung zuständig. Wenn die Herde vor einem Raubfeind flieht, führt die Leitstute. Der Hengst ist am Schluss, und wenn es zu eng wird, dann erwarten seine Ladies, dass er ihnen die Jäger vom Hals hält.

Versagt er bei dieser Aufgabe, kann es ihm passieren, dass er seinen „Harem“ verliert. Er hat nämlich fast immer Konkurrenz von „haremlosen“ Hengsten, die um die Herde herumstreichen. Verliert der Familienhengst zum Beispiel ein Fohlen, kann er praktisch damit rechnen, dass sich seine Damen die Rivalen genauer anschauen. Macht einer davon den Eindruck, die Verteidigerpflichten besser erfüllen zu können, laufen sie zu ihm über. Ihr zurückgelassener Pascha hat überhaupt keine Chance, sie davon abzuhalten. Selbst wenn er sie attackieren würde – er könnte kaum fünf oder sechs Stuten 24 Stunden am Tag unter der Knute halten.

Hengste sind tolle Hechte

Frauen, die etwas von Pferden verstehen, kommen bestimmt nicht auf die Idee, ihre Liebhaber zu bitten, ihnen den Hengst zu machen. Hengste sind nämlich der lebende Beweis dafür, dass Quantität es wirklich nicht ausmacht. Obwohl Mutter Natur sie ausgesprochen großzügig ausgestattet hat, und obwohl gut gehaltene junge Hengste durchschnittlich alle 90 Minuten masturbierenderweise (ja, wirklich – Hengste können das. Sie hätten zwar Schwierigkeiten darin, die Hufe an der entsprechenden Stelle einzusetzen, aber das ist ja auch gar nicht nötig. Ihnen reicht es, den erigierten Penis rhythmisch gegen ihren eigenen Bauch zu schlagen) Dampf ablassen – als Lover sind die Herren Hengste dennoch ein echter Reinfall. Das ausführliche Vorspiel – oft über Tage ausgedehnt und durchaus zärtlich – veranstalten sie vermutlich nur, weil sie sonst keine Chance hätten, an eine Stute heranzukommen. Doch wenn es dann bei den Schätzchen zur Sache geht, ist die ganze Geschichte nach sieben Stößchen vorbei. Mehr bringt kein Hengst – und dementsprechend sehen die meisten Stuten während des Deckakts schlichtweg gelangweilt aus.

Bei Pferden gibt es keine Inzucht

Manche Leute trauen Pferden eindeutig zu viel zu. So hörte ich einmal bei einer Debatte in einem Reiterstübchen, dass Pferde „nie“ Inzest betreiben würden. Und tatsächlich: Kurze Zeit später las ich dann auch in einem Buch, dass ein Hengst seine eigene Tochter nicht decken würde. Ein anderer Autor ging sogar so weit zu behaupten, dass ein Hengst sich nicht mit seiner Schwester einlassen würde.

Tja, was soll ich dazu sagen? Das Inzest-Tabu ist eines der strengsten in unserer Gesellschaft – wobei das nicht immer so war. Im alten Ägypten war man durchaus der Meinung, dass manche Sachen – wie Heirat – am besten in der Familie bleiben. Darum gab es dort vor allem beim Adel Ehen zwischen Geschwistern (allerdings muss dazu gesagt werden, dass es sich oft um Halbgeschwister handelte, weil dort Vielweiberei üblich war). Bei uns dagegen gibt es definitiv ein Inzest-Tabu, das offensichtlich weit über „gesellschaftlichen Gebrauch" hinaus verankert ist. Darauf weist eine Beobachtung hin, die man in israelischen Kibbuzen gemacht hat. Dort wurden traditionelle Familienformen aufgehoben, indem man die Kinder früh von den Eltern trennte und in einer gemischten Kindergruppe miteinander großzog. Heute, nachdem diese Kibbuz-Kinder erwachsen sind, zeigt sich etwas Interessantes: Es gibt fast keine Ehen zwischen Kindern, die in einer Gruppe aufgewachsen sind. Obwohl die Gruppenmitglieder in den meisten Fällen nicht blutsverwandt sind, empfinden sie sich als „Geschwister" – und das schließt offensichtlich erotische Anziehung aus.

Vom evolutionären Standpunkt aus betrachtet macht ein Inzest-Tabu durchaus Sinn. Mütterchen Natur hat sich die Sexualität ausgedacht, um für eine möglichst breite Variation in Sachen „Genmix" zu sorgen. Inzest aber schränkt genau diese Variationsbreite wieder ein. Das kann in ein oder zwei Generationen durchaus von Vorteil sein, weil ein weitgehend ähnlicher Chromosomensatz nicht so „streut" als wenn zwei völlig verschiedene zueinander kommen. Daraus kann sich ergeben, dass Inzucht zur Verstärkung einer bestimmten, positiven Eigenschaft führt. Doch die Gefahr dabei ist, dass negative Eigenschaften ebenso verstärkt werden, und dass Erbkrankheiten sich manifestieren. Das zeigte sich dereinst in europäischen Herrscherhäusern: In den alten Adelsfamilien war es bis ins letzte Jahrhundert hinein üblich, innerhalb der Familie zu heiraten, so dass sich bestimmte Krankheiten wie die Hämophilie (Bluterkrankheit) manifestieren konnten. Die englische Königsfamilie und die russische Zarenfamilie sind hierfür bekannte Beispiele.

Um aber zu den Pferden zurückzukommen: Sie kennen definitiv kein Inzest-Tabu. Sollte ein Hengst einmal zögern, eine bestimmte Stute zu decken, dann liegt das ganz sicher nicht daran, dass sie seine Tochter oder Schwester ist und er „die Stimme des Blutes“ vernommen hat, sondern ganz einfach daran, dass er sie nicht besonders attraktiv findet, (ja, auch Hengste zeigen Präferenzen, was die Ladies angeht), oder dass er gerade unter Migräne leidet oder was immer einen Hengst davon abhält, seinen Pflichten nachzukommen. Ist der Herr aber in Stimmung, vernascht er Mutter, Tochter, Schwester, Cousine und den Rest der weiblichen Verwandtschaft ohne Bedenken. Polygamie ist sein Plaisir und moralische Bedenken quälen ihn bestimmt nicht. Darum ist es für Pferdezüchter auch kein Problem, Inzest gezielt einzusetzen – vor allem bei Vollblütern gibt es Stammbäume, in denen es nur so vor Inzuchtkreuzungen wimmelt.

Trotzdem ist Inzest bei wildlebenden Pferden kein Problem. Dort kommt er eher selten vor, was an zwei Faktoren liegt: Stuten werden in der Wildnis selten so alt, dass sie Gefahr laufen, einen ihrer Söhne als Herdenhengst wiederzusehen. Und was die Tochter-Vater-Kombination angeht: Junge Stuten sind üblicherweise innerhalb einer Herde sehr rangniedrig. Sie sind die letzten, die ans Futter dürfen, sie sind bei der Flucht im hinteren, gefährdeten Teil der Herde, sie dürfen von fast jedem anderen Herdenmitglied – inklusive der frechen Fohlen ranghöherer Stuten – gezwickt und vertrieben werden. Demzufolge sind sie meist in ihrer Stammherde nicht besonders glücklich. Kommt dann ein knackiger, junger Hengst vorbei, der ihnen schöne Augen macht und einen höheren Rang in seiner Herde verspricht, verlassen sie die Stammherde in den meisten Fällen. Und damit ist dann wieder für die Genvarianz gesorgt.

Pferde fliehen vor jeder Gefahr

Wer behauptet, dass Pferde feige sind, der hatte es noch nie mit einer Mutterstute zu tun, die ihr Fohlen verteidigt. Natürlich – Pferde sind Fluchttiere. Wenn sie sich in Bedrängnis fühlen, suchen sie das Weite. Dabei sind sie fast jedem ihrer Fressfeinde nicht nur im Sprint, sondern auch auf langen Strecken überlegen, denn sie können ein schnelles Tempo auch über große Distanzen halten.

Während der Flucht laufen sie nicht Gefahr, verletzt zu werden – sie verlieren nur Energie, die sie aber, solange sie fit sind, relativ schnell wieder ersetzen können. Doch die Tatsache, dass bei ihnen Flucht das erste Mittel der Wahl ist, bedeutet noch lange nicht, dass sie nicht fähig seien, sich zu wehren. Ganz im Gegenteil. Wenn ein Pferd einmal attackiert wird, dann verkauft es seinen Pelz sehr, sehr teuer. Der Angreifer muss dann damit rechnen, von scharfen Hufen getroffen zu werden – und mit dem Schmackes, den Pferde hinter einen Tritt setzen können, reicht der Aufprall durchaus für einen Freiflug und einige gebrochene Knochen. Und ein Wolf oder eine Löwin, die mit einem Hengst konfrontiert sind, müssen sich nicht nur vor Hufen in Acht nehmen, sondern auch vor den scharfen Hakenzähnen, mit denen die vierbeinigen Herren ausgestattet sind.

Im Kampf zeigen Pferde ausgesprochenen Mut. Vor allem Mutterstuten, die ihre Fohlen verteidigen, können richtig gefährlich werden. Als Wanderer mit Hund sollte man sich deshalb nicht darauf verlassen, dass Pferde friedliche Tiere sind. Kommt der Hund einem Fohlen zu nahe, ist davon auszugehen, dass die Stute angreift. Dann kann es für den Hund eng werden. Und ob man in einen solchen Kampf unbedingt eingreifen will? Ich hatte einmal das Vergnügen mit einer richtig wütenden Mutterstute, und ich muss gestehen: Das Töberchen, das sie veranstaltete, aktivierte **meinen** Fluchtinstinkt.

Von Hund und Katze und anderen Tieren

Des Reiters Tierliebe ist meist nicht auf Pferde beschränkt. Auf Vielseitigkeitsturnieren habe ich manchmal befürchtet, dass eines Tages das Mitbringen eines mehr oder minder großen Hundes zur Pflicht gemacht wird. In Reitställen trifft man meist nicht nur einen, sondern gleich mehrere Hunde.

Allerdings bedeutet die Tatsache, dass Reiter Pferde und Hunde mögen, nicht, dass Pferde die Hunde ihrer Reiter auch ganz klasse finden. Pferde und Hunde sind nämlich absolut nicht von Natur aus „kompatibel". Ganz im Gegenteil. Abgesehen davon, dass Caniden – Hundeartige – bei vielen Pferden als „Fressfeinde" im Instinktprogramm gespeichert sind, haben die beiden Arten ein echtes Verständigungsproblem. Ihre Körpersprache ist in vielem genau entgegengesetzt. Das größte Problem ist dabei der Schweif bzw. der Schwanz. Der Hund nutzt seinen wedelnderweise um anzuzeigen, dass er sich freut und in Spiellaune ist. Das Pferd dagegen schlägt mit dem Schweif, wenn es sagen will: „Ich bin sauer – geh mir aus dem Weg!"

Allerdings sollte man Pferde und Hunde nicht unterschätzen. Sie sind beide durchaus fähig, Fremdsprachen zu lernen. Wenn man ihnen Zeit gibt, lernen sie nicht nur, uns Menschen zu verstehen, sondern auch untereinander zu kommunizieren.

Bei Katzen und Pferden ist die Fremdsprachenschulung gar nicht nötig. Sie verstehen sich von Natur aus. Ihre Körpersprache entspricht sich weitgehend und sie scheinen einander durchaus sympathisch zu sein. Sehr viele Stallkatzen suchen von sich aus Kontakt zu Pferden; andersherum scheinen Pferde gerne mit Katzen zu schmusen. Und erstaunlicherweise sieht man sogar des öfteren Pferde, die Katzen erlauben, auf ihrem Rücken zu liegen. Das erfordert mehr Vertrauen als wir uns vorstellen können – schließlich greifen manche Raubkatzen an, indem sie versuchen, ihren Opfern auf den Rücken zu springen.

Was sonst so auf dem Bauernhof kreucht und fleucht, ist größtenteils gut mit Pferden kompatibel – zumindest auf der Weide. Den Stall sollten Pferde nicht mit Rindern oder Schweinen teilen; im Gegensatz zu diesen mögen sie es nämlich kühl. Aber auf der Weide ist das kein Problem. Und Bauern, die sowohl Pferde wie auch Rinder züchten, sind sogar gegenüber reinen Pferdezüchtern im Vorteil, wenn sie Koppeln umschichtig beweiden lassen. Pferde werden nämlich nicht von den Parasiten befallen, unter denen Rindern zu leiden haben, und vice versa. Eine Weide, die in der einen Saison von Rindern und in der anderen von Pferden genutzt wird, ist weitgehend wurmfrei.

Pferds Liebling scheinen aber Ziegen zu sein. Pferde mögen Gesellschaft; und wenn man sie schon nicht in einem Laufstall mit anderen Pferden halten kann, dann sind sie dankbar für eine Ziege als Gesellschaft. Bei nervösen Rennpferden kann die Ziege als Boxengefährte sogar wie eine Therapie wirken. Mit ihr kann man schmusen und spielen, und das verhindert, dass der vierhufige Sportstar nervöse Ticks entwickelt. Zudem sind Ziegen „handlich". Gute Rennpferde sind heute international unterwegs. Sie laufen auf der Rennbahn in Chantilly bei Paris ebenso wie in Dubai. Und wenn sie dann in die Zucht gehen, heißt das noch lange nicht, dass sie sesshaft werden. Die Vollblutzüchter sind „Global Players" im wahrsten Sinne des Wortes. Weil in ihrem Gewerbe künstliche Besamung nicht erlaubt ist, reisen ihre Stuten schon einmal vom irischen Heimatgestüt nach Kentucky zum Hengst. Und die Herren Hengste kommen ebenfalls in der ganzen Welt herum. Der vierbeinige Superpascha, der die europäische Decksaison – also das Frühjahr – im englischen Newmarket verbringt, beglückt während der amerikanischen Decksaison – also im Winter – Pferdemädchen in Übersee. Und so wie man Kindern auf langen Reisen einen Teddybär gegen das Heimweh mitgibt, bringt so mancher Vollblüter seine Ziege mit.

Esel – die dumme Verwandtschaft mit den langen Ohren

Esel sind nahe Verwandte des Pferdes – so nahe, dass sie sogar genetisch kompatibel genug sind, um gemeinsame Kinder zu haben. Im Gegensatz zu Pferden, die als Symbol für Eleganz und Kraft stehen, sind Esel allerdings als ausgesprochene Blödels verschrien. „Du dummer Esel," kann schon fast als Tautologie gewertet werden, denn – so meint zumindest der Volksmund – Esel seien doch immer minderbemittelt. Und außerdem seien sie stur und – nein, als Symbol für Mut gelten sie bestimmt nicht.

Dafür könnten sie den zweifelhaften Ruhm für sich in Anspruch nehmen, zu den meistverleumdeten Tieren überhaupt zu gehören. Esel sind nämlich keineswegs dumm. Sie können eine ganze Menge lernen und sind fähig, sich schnell auf neue Situationen einstellen. Bei ihnen ist nur manchmal die Frage, ob sie auch wollen. Und was das angeht, zeigt sich dann, dass Esel bestimmt nicht feige sind. Ganz im Gegenteil. Sie sind sogar ausgesprochen wehrhafte Tiere. Ihre Aggressivität ist sogar deutlich ausgeprägter als die der Pferde.

Das liegt vor allem daran, dass sie – die ja dem gleichen Evolutionsast wie die Pferde entspringen – sich nur darum zu einer eigenen Art entwickeln konnten, weil sie sich eine andere biologische

Nische gesucht haben. Während die Pferde die fruchtbaren Steppen bevölkerten, waren Esel in Trockensteppen und teilweise sogar Hochsteppen unterwegs. Sie mussten dabei lernen, mit deutlich weniger auszukommen als Pferde. Und sie mussten lernen, weitgehend alleine zurechtzukommen. In den kargen Gegenden, in denen sie zu Hause waren, hätten sie als Herdentiere keine Überlebenschance gehabt. Flucht war für sie nur bedingt eine Option, denn erfolgreiche Flucht setzt ja voraus, dass man die Annäherung eines Fressfeindes rechtzeitig bemerkt. Und das fällt einem Einzelgänger natürlich schwerer als einem Mitglied einer Herde, in der abwechselnd gewacht wird. Wenn aber Flucht nicht immer funktioniert, dann muss man sich zu wehren wissen. Außerdem muss man, wenn das Futter knapp ist, fähig sein, sein Revier gegen Artgenossen zu verteidigen. Gleichzeitig muss man aber auch mit ihnen kommunizieren können, denn selbst bei Eseln funktioniert die Fortpflanzung nicht ohne eine gewisse Absprache zwischen den beteiligten Partnern. Das alles erfordert eine gewisse Intelligenz – und die angeblich so dummen Esel haben genug davon, um über Jahrtausende überlebt zu haben.

Wenn ich nun aber schon dabei bin, über Esel aufzuklären, dann wäre da noch ein populärer Irrtum: Von den Kreuzungsprodukten zwischen Esel und Pferd – wenn aus der Kombination Eselstute-Pferdehengst entstanden, „Maulesel“ genannt, wenn von einem Eselshengst und einer Pferdestute abstammend, als „Maultier“ bezeichnet – wird behauptet, dass sie grundsätzlich unfruchtbar seien. Der Grund dafür liegt in der unterschiedlichen Anzahl der Chromosomen bei Esel und Pferd. Das führt in den meisten Fällen dazu, dass die Kreuzungsprodukte unfruchtbar sind. Es gibt aber – wie meist in der Natur – Ausnahmen von der Regel.

VON VIERHUFERN UND ZWEIBEINERN – DIE PFERDISCH-MENSCHLICHE BEZIEHUNG

Menschen nutzen Pferde erst seit der Erfindung des Rades

Angeblich hat die Geschichte unserer Beziehung zum Pferd damit angefangen, dass unsere Vorfahren die lieben Tiere zum Fressen gern hatten. Darauf, dass man noch mehr mit ihnen anfangen kann als sie zu grillen, seien wir Menschen erst gekommen, nachdem wir das Rad erfunden hatten. Dann, so heißt es in einschlägigen Geschichtsbüchern, seien Pferde angespannt worden. Die Reiterei, so glaubte man lange, habe sich erst viel später entwickelt.

Seit 1990 weiß man es besser. Damals wühlten nämlich die Amerikaner David Anthony, Dorcas Brown und der Russe Dimitri Y. Telegin in anderer Leute Müll. Ihre Neugierde war allerdings wissenschaftlich begründet, und der Müll ... also, nach den 6000 Jahren, die er auf der Insel Sredni Stog im Dnjepr gelegen hatte, war er angeblich auch schon geruchsneutral. Allerdings hatten sich darin Pferdeknochen erhalten. Und sie lieferten den buddelnden Anthropologen gleich mehrere Erkenntnisse über die Bauern von Sredni Stog, deren Hinterlassenschaften sie da auseinander nahmen. Zum einen: Sie müssen Pferde als Haustiere gehalten haben. Auf der Waldinsel können sie nämlich nicht wild vorgekommen sein. Dafür, dass die Pferde der Sredni Stog-Bauern Haustiere waren, spricht aber noch etwas: Alle Pferdeknochen, die im Hausmüll gefunden wurden, stammten von Hengsten, die zwischen sechs und acht Jahre alt waren.

Also – man könnte ja vielleicht noch glauben, dass friedliche Bauern, die ansonsten Rinder, Schafe, Ziegen und Schweine hielten, ab und an lange Wanderungen in die Steppe unternahmen, um sich als besonderen Leckerbissen ein Pferd einzufangen. Aber dass sie dabei gezielt junge Hengste ausgesucht hätten, wäre eine verwegene Annahme – umso mehr, als wild lebende junge Hengste ja deutlich schwerer zu fangen sind als Stuten oder Fohlen. Zudem ... wenn ich die Wahl zwischen Hammel- und Lammbraten habe, nehme ich auf jeden Fall Lamm. Warum sollten also die Sredni Stog-Bauern Hengste fangen, wenn sie ebenso gut Fohlensteaks hätten bekommen können?
Ausschließlich junge Hengste zu futtern macht dann Sinn, wenn man die Stuten zum Weiterzüchten behalten will – und das war mit hoher Wahrscheinlichkeit bei den Inselbewohnern der Fall.
Die Herren Hengste dienten den Bauern aber nicht nur zur Bereicherung des Menüplans. Der spektakulärste Fund auf der Insel waren die Relikte eines Pferdes, dessen Schädel und Vorderbein zusammen mit den Überresten von zwei Hunden in einem rituellen Ensemble angeordnet waren.
Auch das hätte noch keine wissenschaftliche Sensation ausgemacht. Die Anthropologen schrieben darüber: „Der rituelle Brauch, ein Pferdefell mit Kopf und Beinen auf einem hölzernen Gestell anzubringen, um einen heiligen Ort zu markieren, ist für das vorchristliche Europa häufig belegt.“ [1]
Was die Sache aber wirklich spannend machte, waren zwei durchbohrte Geweihstücke, die in dieser Kultstätte gefunden wurden. Sie sahen aus wie die Seitenteile einer Trense und passten zu dem Kiefer des Ritualpferdes. Unter dem Elektronenmikroskop zeigten „... die Zahnabgüsse alle charakteristischen Verschleißspuren einer

1 David Anthony, Dimitri Y. Telegin, Dorcas Brown: „Die Anfänge des Reitens“, Spektrum der Wissenschaft, Heidelberg, 1992.

Trense: Überall auf dem ersten Backenzahnhöcker sind die typische Abschrägung, vom Zentrum ausstrahlende Absplitterungen und abgeschliffene Stufenfrakturen zu erkennen. ... Wegen der rituellen Lagerung des Kultpferdes mit komplettem Schädel ... ist auch der Oberkiefer erhalten geblieben, und durch Anpassen der Kiefer lässt sich ausschließen, dass ein Fehlbiss die Zahnschäden verursacht hat. Demnach muss der Hengst ein Zaumzeug getragen haben."

Ein Zaumzeug macht aber nur Sinn, wenn dahinter ein Wagenlenker oder ein Reiter zugange ist. Und da das Rad in der Gegend, in der die Sredni Stog-Bauern und ihre Pferde zu Hause waren, erst fünfhundert Jahre später aufkam, muss der Sredni Stog-Hengst ein Reitpferd gewesen sein – wahrscheinlich eines der ersten in der Geschichte, die Mensch und Pferd verbindet. Und auf jeden Fall ist er ein Beweis dafür, dass die Geschichte von der Nutzung des Pferdes seit der Erfindung des Rades falsch ist. Die Reiterei war vorher da.

Pferde sind domestiziert

Sie glauben, jetzt wolle ich Sie auf den Arm nehmen? So gerne ich meine Leser auf Händen tragen würde: Des Glaubens, dass Pferde domestiziert sind, möchte ich Sie dennoch berauben. Im strengsten Sinne des Wortes sind sie das nämlich nicht.

Sie schauen skeptisch? Sie zweifeln jetzt an meinem Gedächtnis, nachdem ich Ihnen eben erst erzählt habe, dass die Bauern auf Sredni Stog schon vor 6000 Jahren Pferde als Haustiere hielten? Daraus sei doch, meinen Sie, ganz eindeutig zu entnehmen, dass die Viecher domestiziert seien?

Lassen Sie mich zur Untermauerung meiner Behauptung „Meyers großes Taschenlexikon" zitieren. Da steht unter „Domestikation" Folgendes: „Umwandlung wild lebender Tier- und Pflanzenarten in Haustiere und Kulturpflanzen durch gezielte Züchtung ..."

Und damit haben wir's schon: Domestikation ist die „Umwandlung". Und mit ihr verbunden ist der Verlust einiger Wildinstinkte wie z.B. der fast allen Wildtieren angeborenen Scheu vor dem Menschen. Zudem bewirkt Domestikation ein Absinken der Aggressionsbereitschaft. Ein typisches Beispiel dafür sind Kühe und Schweine. Ich möchte keine Bisonkuh melken müssen. Und so kontemplativ ich es immer fand, auf einem Zaun zu sitzen und einem Schwein den Rücken zu kratzen – mit einer Wildsau würde ich das bestimmt nicht probieren.

Doch zurück zu den domestizierten Tieren. Ob Schwein, Kuh, Huhn oder was sonst noch so auf dem Bauernhof kreucht, fleucht und „Haustier" genannt wird – unsere heutigen Züchtungen könnten nur schwerlich ohne den Menschen überleben. Und ihnen allen ist gemeinsam, dass sie offenkundig gar kein Bedürfnis danach haben, sich wieder zu verselbstständigen. Die Rinderherden im amerikanischen Westen ließen und lassen sich von Cowboys hüten – obwohl die Steppe groß genug wäre, sich selbstständig zu machen. Aber die wenigen, die es probieren, überstehen den Ausflug in den seltensten Fällen. Und dass sie Artgenossen finden, mit denen sie sich in der Freiheit vermehren könnten, kommt praktisch nicht vor. Darum gibt es auch keine wilden Rinderherden in Amerika oder Australien.

Dafür gibt es aber in beiden Ländern eine stabile Population von wild lebenden Pferden, die Nachkommen von Hauspferden sind. Dass sie nun schon über Generationen existieren und in beiden Ländern inzwischen mit ihrer Verbreitung zu einem Problem geworden sind – sowohl in Australien wie auch in Amerika müssen Wildpferde gezielt abgeschossen werden, um Schäden an der Natur zu verhindern – liegt daran, dass Pferde eben nie wirklich domestiziert worden sind.

Jedes Fohlen, das heute geboren wird – ob als Vollblüter und künftiger Rennchampion im klimatisierten Stall unter der Videokamera und dem wachsamen Auge des Stallmeisters und des Tierarztes, ob als Island-Pony in den Lavabergen der Insel aus Feuer und Eis, ob als Warmblüter in einem deutschen Hauptgestüt – hat immer noch alle Instinkte seiner Vorfahren; und, wie jeder, der mit Fohlen zu tun hat, berichten kann, eine angeborene Scheu vor dem Menschen. Pferd bleibt Pferd bleibt Pferd – egal, wie lange wir Menschen es versuchen zu domestizieren. In jedem Pferd steckt das Wildpferd, und jedes will neu gezähmt werden.

Und dass Zähmung alleine noch keine Domestikation bewirkt, zeigt sich immer wieder. Die amerikanischen Mustangs und die australischen Brumbies sind nicht die letzten „Wieder-Wildpferde“, und sie sind auch keineswegs Nachfahren von Pferden, die eben ein bisschen „rustikaler“ waren als andere Hauspferde. Das beweist ein Beispiel aus jüngerer Zeit: Seit den 70er Jahren des 20. Jahrhunderts wird in der Namib-Wüste in Afrika eine Herde wild lebender Pferde beobachtet, vermutlich die Nachkommen entlaufener Trakehner von deutschen Farmen und Kavallerietruppen: Deutsche Warmblüter also, aus einer der ältesten deutschen Zuchten – und dennoch zum Überleben in einer sehr rauen, kargen Umwelt fähig.

Der „schlaue Hans“: ein Wunderpferd, das rechnen konnte

Jetzt fühlen Sie sich schon wieder etwas verschaukelt, oder? Sie ziehen eine Augenbraue hoch und sagen: „Also, Binder – nu’ ist aber jut! Du wirst mir doch wohl nicht erzählen wollen, dass jemand das glaubt?“

Doch. Will ich. Allerdings ... ich geb’s zu: Ein „populärer“ Irrtum über Pferde ist das nicht. Aber es ist einer, der mehrfach belegt ist und hinter dem sogar deutlich mehr steckt als hinter „Pferde fressen kein tierisches Eiweiß“ oder „Pferde können keine Farben sehen“.

Um 1900 herum gab es nämlich Wissenschaftler, die sich ernsthafte Gedanken darum machten, ob im Pferd vielleicht ein mathematisches Genie mit Lesefähigkeit stecken könnte.

Den Anfang der vermeintlichen Pferderechnerei machte der „Schlaue Hans“, ein schwarzer Traberhengst. Über ihn schrieb der Pferdekenner Generalmajor Eugen Zobel am 7. Juli 1904 im „Berliner Tagesblatt“: „Man wird es kaum für möglich halten, dass das Pferd zählen, rechnen, lesen, Personen und Gegenstände erkennen und auf seine Art bezeichnen kann, dass es die deutsche Sprache versteht, auf die mannigfaltigsten Fragen Antwort gibt und wie ein artiges Kind alles tut, was sein Herr von ihm verlangt.“[2]

2 Generalmajor Eugen Zobel im „Berliner Tageblatt“, Berlin, 07.07.1904.

Dahinter steckte ein Herr Wilhelm von Osten. Er war Privatier, hatte viel Zeit und mochte Pferde. Eines Tages fiel ihm auf, dass sein Kutschpferd beim Verlassen des Hofes unaufgefordert einen Bogen schlug – und zwar einen, der genau so berechnet war, dass die Kutsche das Tor nicht streifte. Als ehemaliger Mathematiklehrer fand von Osten diese Beobachtung faszinierend und schloss daraus, dass sein Pferd eine Begabung für Mathematik haben müsse. Er begann, ihm Lektionen zu geben und tatsächlich lernte das Pferd, die Kutsche auf Zuruf in eine bestimmte Richtung zu ziehen und auf fünf zu zählen. Doch dann starb es. Wilhelm von Osten aber war inzwischen so von „pferdischer Intelligenz" überzeugt, dass er den Unterricht mit dem Nachfolger seines ersten Pferdes, dem fünfjährigen Hans, fortsetzte. Nach zwei Jahren Dauerlernen war Hans dann so weit, dass er die drei Grundrechenarten beherrschte, lesen, die Uhr erkennen, die Wochentage angeben und noch einiges mehr konnte. Dabei klopfte er die Antworten auf die ihm gestellten Fragen nach einem vorher festgelegten Schema mit den Vorderbeinen.

Inspiriert von der Arbeit des Wilhelm von Osten baute dann 1908 der Elberfelder Kaufmann Karl Krall ein „psychologisches Laboratium" für Pferde auf und begann damit, seinen Pferden Muhamed und Zarif lesen und rechnen beizubringen. Dabei erwies sich Muhamed als ausgesprochenes Mathematik-Talent; in einem Versuch, den

zwei italienische Professoren mit ihm anstellten, errechnete er die Quadratwurzel aus 1.874.161. Zarif dagegen war in Mathematik nicht so gut, konnte dafür aber hervorragend lesen. Und Muhamed antwortete sogar auf Fragen, wie zum Beispiel, warum er nicht mit dem Mund rede. Er klopfte mit den Vorderbeinen: „Ig hb kein gud sdim“ (Orthographie hatte Herr Krall offensichtlich nicht unterrichtet). Was dahinter steckte? Ich wünschte, ich wüsste es en detail. Aber das Phänomen ist bis heute nicht wirklich erforscht. Man vermutete im Fall des Schlauen Hans, dass er die unbewusst gegebenen Signale der beim Versuch anwesenden Menschen – das Ausatmen, das unwillkürliche, erleichterte Entspannen, wenn die richtige Antwort gekommen war – wahrgenommen habe. Unwahrscheinlich wäre es nicht – Pferde haben ein kürzeres Bewegungs-Sehmoment als wir, das heißt, sie können auch Bewegungen wahrnehmen, die für unsere Augen zu schnell sind. Dagegen aber spricht, dass eines der Elberfelder Pferde blind war – und dass sie, wie auch der Schlaue Hans, ihren Job sogar mit Scheuklappen und im Dunkeln verrichteten, nachdem man sie daran gewöhnt hatte. Und Muhamed soll es sogar geschafft haben, richtige Antworten zu geben, wenn die Versuchsleiter den Stall verließen und ihn nur durch die Türritze beobachteten. Letzteres halte ich allerdings für eher unwahrscheinlich. Hans versagte nämlich immer dann, wenn die beim Versuch anwesenden Menschen die Antwort selbst nicht wussten. Daher kann man den Glauben, dass

Pferde unter Umständen rechnen und lesen können, wohl ins Reich der Legende verbannen. Tatsache ist aber, dass Pferde offensichtlich sehr viel mehr lernen können als man ihnen landläufig zutraut – und dass sie meisterlich beobachten können.

Pferde lassen sich durch Blickkontakt einschüchtern

„Und dann schaute der Held dem wilden Hengst tief in die Augen, und sein fester Blick beeindruckte das Tier so sehr, dass es ihm von diesem Moment an treu ergeben war …" So oder so ähnlich kann man es in manchen Wild-West-Romanen lesen. Und dem entnehmen wir: Der männlich-starke Wille, der durch einen tiefen Blick ins Auge vermittelt wird, haut nicht nur jede Frau aus den Strümpfen, sondern auch das Pferd aus den Eisen. Oder so. Oder gar nicht?

Eher Letzteres – wie man als Reiter oft schon vor der dritten oder vierten Reitstunde lernt. Da kommt man dann nämlich aus dem Stall, das gesattelte Rösslein am Zügel, und man findet sich fast schon obercool – bis dann das liebe Tier plötzlich entscheidet, dass es jetzt keine Lust mehr hat, brav hinter einem herzutrotten, sondern stehen bleibt und Hans-guck-in-die-Luft spielt. Was tut der Reiter dann? Selbst wenn er Arnold Schwarzenegger hieße – ohne die Unterstützung durch Tricktechnik ist es nur sehr schwer möglich, 600 Kilogramm Pferd vom Fleck zu ziehen. Ergo dreht sich das Reiterlein um, schaut seinem lieben Pferd tief ins Auge – und erlebt je nach Temperament des Vierbeiners eine mehr oder minder unangenehme Überraschung. Eher ruhige Pferdegemüter beschränken sich in einem solchen Fall darauf wegzuschauen und vielleicht einen Schritt zurückzutreten. Doch mit einem Pferd von der nervösen Sorte kann es durchaus passieren, dass der Blick ins Auge als Aufforderung zum Tanz verstanden wird. Dann hängt plötzlich nicht mehr das Pferd am Reiter, sondern der Reiter am Pferd, während – je nach Belag des Hofes – die Eisen Funken schlagen und – je nach Temperament des Rosses – Gehopse auf Reiterzehen oder der aufrechte Gang vorgeführt wird. Letzteres wird besonders nett, wenn dazu noch heftig mit den Vorderhufen gefuchtelt wird. Die Vorstellung, was die Verbindung „Huf gegen Schädelknochen" ergeben würde ... – ich glaube, ich möchte an dieser Stelle lieber nicht weiter nachdenken.

Der Auslöser für diese brenzlige Situation war aber nicht unbedingt der Blick ins Auge, sondern ganz einfach das Auftauchen einer bewegten, hellen Fläche am Rand des Gesichtsfeldes des Pferdes.
Die bewegte helle Fläche – das ist das Gesicht des Reiters. Steht er nämlich direkt vor dem Pferd, hat das liebe Tier keine Chance, mehr zu erkennen als eben eine Fläche, die sich bewegt. Pferde sehen nämlich ganz anders als wir.
Beim Menschen liegen die Augen praktisch nebeneinander vorne am Kopf. Daraus ergibt sich eine konvergierende Sehachse. Konkret: Die

Linie, auf der das linke Auge sieht, schneidet sich an einem bestimmten Punkt mit der Linie, auf der das rechte sieht. Auf diesen Punkt wird fokussiert, woraus sich ergibt, dass wir nicht nur sehr scharf sehen, sondern außerdem auch Distanzen einschätzen können.

Pferde haben ihre Augen bekanntlich nicht in der Mitte des Gesichts, sondern eher seitlich, woraus sich ergibt, dass ihre Sehachsen nicht konvergieren, sondern divergieren. Das bedeutet: Die Linien des rechten und des linken Auges schneiden sich in keinem Punkt; die beiden Augen sehen unabhängig voneinander.

Der Vorteil daran ist, dass Pferde einen viel größeren Radius übersehen können als wir. Probieren Sie es aus: Halten Sie Ihren Kopf gerade und versuchen Sie dabei einmal, so weit wie möglich nach links und nach rechts zu sehen. Ich kann in der Position, in der ich gerade sitze, nach links im Augenwinkel gerade noch – aber nur sehr verschwommen – einen Bilderrahmen erkennen, der ungefähr in einem 90°-Winkel von mir entfernt an der Wand hängt. Nach rechts reicht es zum Fenster – ebenfalls ungefähr 90° entfernt. Damit habe ich, ohne den Kopf zu drehen, einen Sehwinkel von bestenfalls 180°. Pferde haben einen Sehwinkel von fast 360°. Das heißt, dass sie sehen können, was sich von hinten an sie annähert. Und das, ohne den Kopf zu drehen!

Wenn Sie das kleine Experiment mitgemacht haben, werden Sie allerdings bemerkt haben, dass die Objekte, die Sie am Rand Ihres Gesichtsfeldes wahrnehmen, sehr verschwommen sind. Das liegt daran, dass sie in den Randbereichen nicht mit beiden, sondern nur mit einem Auge sehen. Darum können Sie nicht fokussieren.

Das gibt Ihnen einen Eindruck davon, wie Pferde wahrscheinlich sehen: sehr viel mehr als wir, aber eben verschwommener.

Und das ist auch gut so, denn beim Sehen kommt es nicht nur darauf an, was das Auge erkennen kann, sondern fast noch mehr darauf, was das Gehirn verarbeiten kann. Alle Informationen, die die Augen anliefern, wären definitiv zu viel. Das Gehirn selektiert und gibt nur die Informationen ans Bewusstsein weiter, die es für wichtig befindet. Würde es dauernd mit unwichtigen Informationen vollgestopft, wäre dies eine Überforderung für uns. Wichtiges würde in der Informationsflut untergehen und folglich ständig vergessen oder verbummelt werden.

Pferden geht es wahrscheinlich ähnlich. Ihr Gehirn selektiert für sie aus der Fülle von Bildern, die ihre Augen liefern, die heraus, die wichtig sind. Ein Busch, der sich bewegt: Er könnte wichtig sein, weil sich darin ein angreifender Fressfeind verbergen könnte. Etwas, das gerade die Form verändert hat: Es könnte die Raubkatze sein, die eben aus der Lauerstellung in die Sprungposition gegangen ist.

Und weil solche Informationen für das Pferd überlebensnotwendig sind, ist in seiner Wahrnehmung dafür mehr Platz als für Details wie z.B. ein menschliches Gesicht. Man kann mit hoher Wahrscheinlichkeit annehmen, dass Pferde überhaupt keine menschlichen Gesichter wahrnehmen können. Warum sollten sie auch? Sie enthalten keine für sie relevanten Informationen.

Und ein Blick ins Auge ist im Artverhalten des Pferdes nicht vorgesehen. Pferde kommunizieren nicht mit Blicken. Darum sind sie auch nicht darauf eingestellt, auf unsere zu reagieren.

Pferde können menschliche Gesichter erkennen

„Aber natürlich kennt mich mein Pferd!“ sagte eine Reiterin fast empört, als ich einmal die Frage in die Runde warf, wie man eigentlich das Verhältnis des Pferdes zu seinem jeweiligen Besitzer einschätze. Ich bezweifle es nicht. Eines meiner Pferde dehnte unsere Bekanntschaft sogar auf mein Auto aus. Wenn ich vor dem Stall die Tür zuknallte, begrüßte mich von innen fröhliches Wiehern – und dass sich dieses Wiehern eindeutig auf mein Auto bezog, wurde klar, als ich eines Tages mit einem anderen vorfuhr. Da begrüßte mich das Tier erst, als ich schon fast vor seiner Box stand.

Die Frage ist nur: Wie gut kennt das Pferd seinen jeweiligen Menschen? Und hier, fürchte ich, muss ich schon wieder einige Pferdefreunde-Illusionen zerstören.

Ein viel unterschätzter Punkt in der Beziehung zwischen Ross und Reiter ist die Tatsache, dass ein einigermaßen artgerechtes, das heißt, in Pferdegesellschaft gehaltenes Pferd, kein übergroßes Interesse an Menschen hat. Dass es beim Auftauchen eines Zweibeiners an den Koppelzaun marschiert, ist nicht unbedingt auf seine Menschenliebe zurückzuführen, sondern auf Neugierde und auf Konditionierung. Die meisten Pferde haben schon als Fohlen erlebt, dass Besucher am Koppelzaun zum einen unterhaltsam sein können – weil sie einen streicheln – und zum anderen oft genug etwas Fressbares mitgebracht haben. Und weil unsere Hauspferde ja selten auf Koppeln stehen, auf denen sie sich dick und rund fressen können, sind sie oft genug ein bisschen gelangweilt und grundsätzlich immer an Fressbarem interessiert. Erwischen sie aber eine nicht abgeweidete Koppel, dann hat der Besucher am Zaun wenig Chancen, sie vom frischen Gras ablenken zu können.

Trotz des nicht gerade ausgeprägten Interesses kann man bei den meisten Pferden davon ausgehen, dass sie die Menschen, mit denen sie oft zu tun haben, kennen. Nur mit dem Erkennen ist es bei ihnen so eine Sache.

Typisch dafür ist eine Geschichte, die ich auf einem Vollblutgestüt in Irland erlebt habe. Dort ist eine einstmals sehr erfolgreiche, aber auch reichlich eigenwillige Stute zu Hause. Sie hat es wirklich nicht mit Menschen. Besuchern im Stall pflegt sie entweder den Hintern zuzudrehen oder sie werden mit angelegten Ohren angegiftet. Dem Stallpersonal gegenüber zeigt sie sich auch eher unzugänglich – wer ihre Box betritt, wird angegiftet und, wenn er nicht vorsichtig ist, sogar gezwickt. Es gibt allerdings eine Ausnahme: den Stallmeister. Mit ihm schmust die schwierige Lady, und ihn wiehert sie freundlich an, wenn er den Stall betritt – an sechs Tagen in der Woche. Sonntags allerdings wird er auch immer erst einmal mit angelegten Ohren scheel angeguckt.

Warum die vierbeinige Dame sonntags nicht einmal für ihren Freund Sprechstunde hat, ist für einen Pferdekenner einfach zu erklären: Sie erkennt ihn nicht. Am Sonntag pflegt der gute Mann als braver Ire nämlich in die Kirche zu gehen. Und dafür macht man sich fein. Man springt unter die Dusche, man rasiert sich, man erfreut die zweibeinige Dame seines Herzens, indem man das Rasierwasser verwendet, das sie einem zu Weihnachten geschenkt hat, man zieht den besten Anzug an.

Und damit ist es dann mit der „Erkenntnis" beim Pferd vorbei. Wie ich schon erklärt habe, können Pferde keine Gesichter erkennen. Sie nehmen uns Menschen als „Gesamtpaket" aus Optik, Geräuschen und Düften wahr; das ist auch einer der Gründe, warum Profis wie dieser Stallmeister oder z.B. die Gestütsmeister in den deutschen Haupt- und Landgestüten meist ein sehr viel engeres Verhältnis zu ihren Pferden haben als Lieschen Normalreiterin. Selbige will nämlich auch im Stall schick und adrett sein. Daher kommt sie mit dem Hauch Parfüm hinter'm Ohr – und wenn sie so ein Faible für Düfte hat wie ich, dann kann es sogar sein, dass es jeden Tag ein anderes ist – frisch geduscht, in sauberem Shirt, und hat mindestens drei Reithosen zum Wechseln. Und weil man ja Abwechslung mag, kauft man die Reithosen selbstverständlich in verschiedenen Farben und

kombiniert sie mit einem jeweils passenden Shirt.

Unser irischer Stallmeister und seine deutschen Kollegen in den Gestüten wechseln dagegen ihr Outfit fast nie. Sie tragen jahraus, jahrein einen Arbeitskittel; und auch wenn er hin und wieder eine Runde in der Waschmaschine drehen darf, kommen sie bestimmt nicht auf die Idee, jeden Tag einen frischen Kittel anzuziehen. Und selbst wenn sie es täten, dann würde sich nur der Geruch, aber nicht die Farbe und Form des Kittels ändern. Und dazu kommt dann noch, dass der irische Stallmeister in der Wahl seiner Kopfbedeckungen nicht eben viel Sinn für Abwechslung zeigt. Im Sommer trägt er eine blaue Baseballkappe, im Winter eine blaue Strickmütze. Bei seinen deutschen Kollegen ist es noch eingeschränkter: Im Haupt- und Landgestüt Marbach gehört eine blaue Kappe zur Uniform – sie wird im Sommer wie im Winter getragen.

Pferde verstehen jedes Wort

Die Behauptung wird besonders gerne über die Sorte Pferde aufgestellt, die (auch weibliche) Profis mit einem Seufzen „Weiberpferde" nennen. Diese Sorte Vierbeiner gehört sehr oft zu alleinstehenden Damen, für die sie eine Art „Partnerersatz" sind – mit dem Vorteil, dass sie weniger widersprechen als Männer, selten mit jüngeren

Frauen durchbrennen und garantiert nie mit „vergessenen", schmutzigen Socken das gepflegte Wohnambiente stören. Dafür sind Pferde lieb, verständnisvoll und offerieren eine tröstend-warme Schulter, wenn einem einmal so richtig zum Heulen ist.

Doch dass sie jedes Wort verstehen? Ich bezweifle es. Die meisten Pferde kennen noch nicht einmal ihren Namen. Nach meiner Erkenntnis ist es einem Pferd absolut egal, ob es per „mein süßer Schnuckelputz" oder „olle Mistkrucke" angesprochen wird. Es kommt ihnen noch nicht einmal auf die Sprache an. Der amerikanische Vollblüter, mit dem ich dereinst zu tun hatte und der aus England nach Deutschland gekommen war, reagierte auf mein schwäbisches „Gib mir mal den Huf, du Zausel" genauso gut oder schlecht wie auf ein „Would you please give me your hoof, lad?" Selbst an der Longe – und mir hatte man einmal in einem Kurs erklärt, dass da die Kommandos von den Pferden „verstanden" würden – machte der Amerikaner keinen Unterschied zwischen einem „Trot" oder „Terrrab!", mein „Halt" nahm er ebenso an wie ein „Stop", und ich vermute, dass ich mit dem russischen Kommando für Galopp denselben Effekt erzielt hätte wie mit dem deutsch-englischen „Galopp". Bei Pferden macht der Ton die Musik. Das allerdings scheinen viele

Pferdeleute zu spüren, ohne je bewusst darüber nachgedacht zu haben – was sich dann an den Namen zeigt, die sie ihren Pferden geben.

Beispiel gefällig? Dann begleiten Sie mich auf eine Runde durch meinen virtuellen Stall – Pferde, mit denen ich bekannt war oder bin. Da hätten wir die Schimmelstute Halali – genannt „Lala". Ganz dicht bei ihr steht in meinem Gedächtnis der Ex-Vielseitigkeitscrack Madjar – ebenfalls ein Schimmel. Und wo der ist, sind der „Löwe" und seine kleine Freundin „Daisy" nicht weit. Und dann fallen mir der Andalusier „Ebano", „La Reina" – zärtlich „Rosa" genannt – und „Robin Goodfellow" ein. Und natürlich das „Hammele", das eigentlich „Take it easy" hieß, und der Friese „Jaro", und der Lipizzaner „Maestoso Adorata", der „Dorle" gerufen wurde ...

Merken Sie etwas? All diesen Pferdenamen ist etwas gemeinsam: Ein „A" oder ein „O" – und da, wo der eigentliche Name diese sanften Töne nicht hergibt, bekommen die Pferde Kosenamen, die ein „a" oder „o" enthalten.

Mit Pferden ist es wie mit Katzen – jedenfalls mit den Katzen in dem berühmten Musical „Cats". Darin gibt es einen Song, der darüber aufklärt, dass jede Katze ihren „heimlichen" Namen hat, den sie nur engsten Vertrauten preisgibt, und der natürlich nicht mit dem Namen übereinstimmt, den die Katze eventuell von Menschen umgehängt bekommt.

Pferde haben auch einen „Pferdenamen", der nur ihren Freunden bekannt ist. Und er besteht wie der Unsere aus einer Folge von Lauten. Wer gute Ohren hat und im Stall einmal genau hinhört, kann – wenn er Glück hat – hören, wie sich die Pferde gegenseitig rufen. Da kommt z.B. einer aus der Herde vom Ausritt zurück. Und als höfliches Pferd – ja, Pferde untereinander halten es wirklich mit Manieren! – meldet er sich schon vor dem Stall zurück, indem er wiehert.

Dabei verwendet er eine bestimmte Lautfolge, die die anderen Pferde als seinen „Namen“ identifizieren können. Man könnte diesen Ruf also mit „Hier ist XY“ übersetzen. Und die Antwort darauf ist ein mehrstimmiges: „Hallo, XY!“

Wichtiger aber als der „Rufname“ der Pferde ist vermutlich ihr „Duftname“. Jedes Pferd hat einen individuellen Eigengeruch, der sich besonders über den Nüstern konzentriert. Da sitzen nämlich kleine Duftdrüsen, die ihn ausströmen. Und ja, wenn Sie eine gute Nase haben, können Sie diesen Duft auch wahrnehmen. Ich habe einen Bekannten, der darauf schwört, seine beiden Pferde ihrem Duft nach unterscheiden zu können. Wenn er die Chance bekomme, seine Nase an die ihre zu legen, könne er sie selbst im Dunkeln sicher erkennen.

Das macht ihn zu einem wahrhaften „Pferdemann“. Die Begrüßung Nase an Nase ist nämlich „pferdisch“. Wenn zwei Pferde, die sich nicht kennen, einander treffen und einander – nach kurzem Begucken – sympathisch finden, nehmen sie nämlich Nasenkontakt auf. Das könnte man dann als „Darf ich mich vorstellen? Ich bin X. Und wer bist du?“ übersetzen. Und wenn man sich dann einmal kennt, gilt es unter Pferden als „höflich“, bei der Begrüßung die Nase zu präsentieren. Offensichtlich ist Duft ein wichtiger Bestandteil der Pferdesprache – und was das angeht, verstehen die Vierbeiner dann wirklich jedes Wort.

Pferde springen nur, wenn man sie mit Gewalt dazu zwingt

Bitte schnallen Sie sich an – wir kommen in gefährliches Fahrwasser mit hohem Wellengang. Ich werde mich jetzt nämlich gleich gegen eine „Erkenntnis“ stellen, die nur potenzielle Tierquäler je zu bezweifeln wagen. Aus der Beobachtung heraus, dass Pferde in der Natur nicht springen, folgerten Verhaltensforscher und Tierschützer, dass man Pferde nur mit Gewaltanwendung zum Springen zwingen kann, ja, dass man sie über Hindernisse geradezu hinüberprügeln muss. Der Springsport geriet außerdem in Verruf, weil sich die Verletzungen bei Springpferden häuften. Man nahm an, die Pferdebeine würden durch die unnatürliche Höhe der Hindernisse zu stark belastet. Die Kritik an den gesundheitlichen Gefahren, die der Springsport für Pferde mit sich bringt, ist auch durchaus berechtigt und wird von Tierärzten bestätigt: In einem Standardwerk ist über die schmerzhafte Hufrollenerkrankung (Podotrochlose) zu lesen: „Beim Turnierpferd gehört die Podotrochlose zu den häufigsten Lahmheitsursachen im Bereich der Vordergliedmaßen. Wesentlich seltener tritt sie beim Traber oder beim Galopprennpferd auf …“[3]

Verantwortlich für die Abnutzung der Vorderbeine sind aber nicht die Sprünge an sich, sondern die schnellen, kurzen Wendungen, die im modernen Parcours gefordert werden. Hier sind die Pferdebeine hohen Belastungen ausgesetzt, was in wissenschaftlichen Untersuchungen bestätigt wird: „Es ist anzunehmen, dass die spezielle Belastung der Hufrolle beim Reitpferd im Leistungssport infolge einer ständigen Druck- und Zugbelastung zu einer raschen Abnutzung in diesem Bereich führt.“[4]

Ob nun die Verletzungsursache eher in der Höhe der Hindernisse oder in der Enge der Wendungen liegt, das Ergebnis für die Pferde ist das gleiche: Der Springsport birgt tatsächlich große gesundheitliche Risiken für die Pferde.

---

3 Dr. med. vet. Peter Launer, Dr. med. vet. Jürgen Mill, OVR Doz. Dr. sc. med. vet. Wilfried Richter: „Krankheiten der Reitpferde“, Verlag Eugen Ulmer, Stuttgart, 1990.

4 ebd.

Doch zurück zur Behauptung, dass Pferde nur mit Gewalt zum Springen gezwungen werden können. Zur Untermauerung dieser These wird oft folgendes Argument angeführt: „Wenn Pferde ohne Zwang springen würden, könnte man sie ja nicht auf Koppeln halten, deren Zäune gleich hoch oder niedriger sind als die Hindernisse, über die sie durch die Parcours gejagt werden."

Tja – was soll man dazu sagen? Es klingt auf den ersten Blick einleuchtend, nicht? Auf den zweiten allerdings kommt man unweigerlich zur Frage nach dem „Warum". Warum sollten Pferde, bitt' schön, über ihre Koppelzäune hüpfen? Ein „Tierrechtler", den ich einmal mit dieser Frage konfrontierte, erklärte mir, dass Pferde, wie alle Tiere, einen „Freiheitsdrang" hätten. Punkt.

An der Stelle fiel mir dann die Geschichte von den Affen im Züricher Zoo ein. Einige von ihnen hatten tatsächlich einen „Freiheitsdrang" – oder sollte man eher von „Spieltrieb" und „Neugierde" sprechen? – der sie dann, wenn ein Pfleger unachtsam war, dazu brachte, ihre Käfige zu verlassen und einen Ausflug in die große, weite Welt des Zoos zu unternehmen. Ihr Pech dabei war nur, dass Heini Hediger, der frühere Direktor des Züricher Zoos, ein ernstzunehmender Verhaltensforscher mit einer Menge gesunden Menschenverstandes war. Darum rief er im Fall eines ausgebüchsten Affen nicht zur großen Jagd auf, sondern schickte einen Pfleger ins Schlangenhaus. Mit einer großen, aber harmlosen Schlange bewaffnet machte man sich dann auf die Suche nach dem Affen. Hatte man ihn in irgendeinem Baum oder auf einem Gebäude gefunden, wurde ihm die Schlange gezeigt. Der Affe bekam Angst und flüchtete. Und als kluges Tier flüchtete er sich dahin, wo er sich vor Schlangen jeder Art sicher glaubte: in seinen Käfig. Von einigen Affen in Zürich wird sogar berichtet, dass sie zum Ende ihrer Flucht die offene Käfigtür hinter sich zuzogen.

Affen scheint es nämlich wie uns zu gehen: Wenn sie die Wahl zwischen der „großen Freiheit" und einem sicheren Leben mit drei Mahlzeiten täglich und einem Dach über dem Kopf haben, pfeifen sie auf die Freiheit.

Bei Pferden dürfte es ähnlich sein – wie sich z.B. auf einem mir bekannten Gestüt für Curly-Pferde zeigt. Obgleich einige der Herdenmitglieder aus Montana stammen und ihre frühe Jugend in Freiheit verbracht haben, stehen sie hier in Deutschland nicht hinter dicken, hohen Zäunen, sondern auf Wiesen, die einfach mit einem Band begrenzt sind. Es wäre für sie ein Leichtes, das Band zu überrennen oder darüber zu springen. Und manchmal, wenn das Gras vor der Koppel grüner ist oder wenn ihnen langweilig ist, tun sie das sogar. Dann unternehmen sie kleine Ausflüge in die Botanik. Sie entfernen sich aber nie weit vom Hof und sie lassen sich immer willig auf die Koppel zurücktreiben.

Koppelzäune können demnach kaum als Beweis dafür herhalten, dass Pferde nur unter Zwang springen. Da würde ich schon eher die Beobachtung, dass frei lebende Equiden nicht springen, sondern Hindernisse umgehen, als starkes Argument sehen. Doch selbst darin gibt es beim zweiten Hinsehen ein dickes, großes Loch. Folgt man nämlich dieser Logik, dann müsste man auch bezweifeln, ob Galopp eine natürliche Bewegungsart ist. Frei lebende, erwachsene Pferde galoppieren nämlich bestimmt nicht rein zum Spaß, sondern nur, wenn sie dazu gezwungen werden – sprich: Wenn sie auf der Flucht sind. Ansonsten bewegen sie sich gemessen im Schritt oder, wenn sie über längere Strecken wandern, im kraftschonenden Trab. Und damit wären wir auch schon an des Pudels Kern: Das Überleben in freier Natur erfordert haushälterischen Umgang mit der Ressource „Energie", denn schließlich kann ein Pferd nie wissen, wann es die Chance hat, einen vollkommen leeren Akku wieder aufzuladen. Die Tatsache, dass es heute im Überfluss lebt und sich den Bauch so vollschlagen kann wie es ihm beliebt, muss eben nicht bedeuten, dass das nächste Woche auch noch so sein wird. Eine Trockenzeit oder zu viel Regen können dazu führen, dass ein wild lebendes Pferd vom „Eingemachten", nämlich seinem gespeicherten Körperfett, leben muss. Darum verschwenden wild lebende Tiere keine Energie. Solange sie können, bewegen sie sich kraftsparend. Und was das energieraubende Springen angeht, so gibt es sogar noch einen Grund, der bei freilaufenden Pferden dagegen spricht: Ein Sprung ist immer mit einem Risiko verbunden. Ein Pferd, das in der Natur einem Hindernis begegnet, weiß in den allerseltensten Fällen, wie der Boden dahinter aussieht. Würde es einfach darauf losspringen, liefe es Gefahr, bei der Landung im Schlamm auszurutschen, in eine Stachelhecke zu geraten oder auf einen Stein zu treten. Für ein wild lebendes Tier können aber auch schon kleine Verletzungen lebensgefährlich sein. Eine Lahmheit, die in drei, vier Tagen auskuriert wäre, wird dann fatal, wenn innerhalb dieser Zeit eine hungrige Berglöwin des Weges kommt. Sie ist nämlich geübt darin, diejenigen Individuen einer Herde auszumachen, die bei der Flucht gehandikapt sind. Die sind leichte Beute und werden bevorzugt angegriffen.

Ergo kann man aus der Tatsache, dass Pferde in der freien Natur nicht springen, nicht schließen, dass sie keine Lust dazu hätten und Springen generell ganz grässlich fänden.

Damit wären wir dann endgültig am Punkt: Ob Pferde gerne springen, wird man nie grundsätzlich beantworten können. Tatsache ist aber, dass man Pferde ohne große Mühe so dressieren kann, dass sie freiwillig springen. Dazu fällt mir nun eine Geschichte ein, die mir ein ehemaliger Vielseitigkeitsreiter erzählte. Er hatte drei „Rentner", recht erfolgreiche, springgewaltige, ehemalige Buschpferde auf der

Koppel. Alle drei waren ihm sehr vertraut, er hatte mit jedem von ihnen sehr ausführlich und intensiv gearbeitet. Als er eines Tages

zu ihrer Koppel kam, um die Jungs zur Fütterung in den Stall zu holen, fühlte sich einer der drei von den beiden anderen am Tor abgedrängt. Und weil er es wohl auch eilig hatte, in den Stall zu kommen, nahm er einfach Anlauf und sprang genau neben dem Tor über den Zaun – sehr zum Entzücken seines Herrn. Der sah darin nämlich die Bestätigung, dass seine Pferde Springen offensichtlich nicht ganz grässlich fanden.

Seine Freude am gelungenen Sprung beglückte den Rentner so sehr, dass er am nächsten Abend gar nicht erst wartete, ob seine zwei Kumpanen ihn als Ersten durchs Tor lassen würden. Er nahm gleich den Weg über den Koppelzaun. Damit erntete er natürlich noch mehr Entzücken seines Herrn, und von da an war es ein Ritual. Wann immer der ehemalige Reiter seine ehemaligen Pferde von der Koppel holte, sprang ihm einer der alten Herren eins vor.

Ob er unbedingt Spaß am Springen an sich hatte, kann man nicht sagen. Aber man kann sicher sagen, dass ihm die Zuwendung seines Reiters den Sprung wert war. Und damit wären wir endgültig am Punkt: Pferde, die positiv motiviert werden – das heißt, die Lob und Zuwendung und Streicheleinheiten und das eine oder andere Leckerli für gelungene Sprünge bekommen – scheinen Springen auf jeden Fall nicht als Zumutung zu empfinden, sondern als etwas, was man durchaus freiwillig tun kann. Und wenn man dann noch einigermaßen verantwortungsbewusst mit den Pferden umgeht und nicht meint, sie müssten jedes Wochenende über fünf große Parcours zischen, dann können auch Springpferde auf gesunden Beinen steinalt werden. Auch wenn vieles im modernen Springsport kritisch zu betrachten ist – ihn grundsätzlich als „Tierquälerei" zu verdammen, geht zu weit.

Pferde haben keinen guten Zeitsinn

Reiter haben es heutzutage nicht einfach. Die meisten von ihnen haben nicht nur für ihr Pferd zu sorgen, sondern müssen außerdem den Hafer für dasselbe verdienen, was mit mehr oder minder viel Aufwand verbunden ist. Daraus ergibt sich nur allzu oft die Situation, dass das Pferd im übervollen Terminkalender „dazwischen" geschoben wird – oft genug mit der Aussage: „Meinem Pferd ist es Wurst, wann ich komme. Es hat ja keine Uhr."
Was die Reiterei angeht kann man tatsächlich davon ausgehen, dass es den meisten Pferden relativ egal ist, wann ihr Reiter zum Ausritt antritt. Solange er nicht gerade während der Futterzeit kommt ...
Feste Futterzeiten werden jedoch in fast allen professionell organisierten Gestüten und Ställen sehr genau eingehalten. Pferde haben nämlich so etwas wie eine innere Uhr – und auch einen inneren Kalender. Zeitsinn gehört bei ihnen zur Serienausstattung.

Und wie genau der bei Tieren funktioniert, zeigt die Geschichte vom Kater Willie. Der gehörte dem Psychologieprofessor Eckstein, und er hatte die Angewohnheit, jeden Montag pünktlich um 19:30 Uhr an der Küchentür zu erscheinen, um maunzend sein Futter zu verlangen. Danach eilte er zielstrebig von dannen – als wenn er eine Verabredung hätte. Das machte seinen Besitzer neugierig, und so folgte er eines Abends seinem Haustier. In einem Buch über den „sechsten Sinn der Tiere“ berichtet Autor Günter Karweina über den Kater: „Willie durchquerte das Universitätsgelände, wartete an Ampeln diszipliniert auf Grün, erreichte gegen 19:45 Uhr die Frauenklinik, sprang dort auf eine Fensterbank im Erdgeschoss und starrte mit größtem Interesse durch das Fenster in den beleuchteten Raum. Zwei volle Stunden lang. Dann trottete er – offensichtlich sehr zufrieden – nach Hause zurück. “[5]

Professor Eckstein traute sich natürlich nicht, durch das Fenster zu schauen. Es war ja eine Frauenklinik. Aber nachdem er Willie drei Montage lang gefolgt war, frag-

5 Günter Karweina: „Der sechste Sinn der Tiere“, Stern-Bücher im Verlag Gruner + Jahr, Hamburg, 1982.

te er eines Tages nach; es stellte sich heraus, dass Willie in den Aufenthaltsraum der Klinik guckte, in dem montags um 19:45 Uhr immer Bingo gespielt wurde.

Was Willie an Bingo spielenden Frauen so spannend fand, wird wohl auf immer sein Geheimnis bleiben. Aber er ist nicht das einzige Tier, das Zeitsinn bewies. Die Erforschung desselben ist nämlich inzwischen sogar eine eigene Disziplin in der Biologie; sie befasst sich mit Pflanzen, die selbst im verdunkelten Labor rechtzeitig zum Sonnenaufgang ihre Blüten öffnen, mit landlebenden Krebsen, die an einem bestimmten Tag im Jahr zum Strand eilen, um sich dort zum Laichen zu treffen, mit Pferden, die abends pünktlich am Koppelzaun stehen, weil sie wissen, dass sie nun bald zur Fütterung abgeholt werden, und unzähligen Tieren mehr. Sie befasst sich sogar mit uns Menschen, denn wir haben auch einen, wenn auch selten trainierten und daher oft sehr verkümmerten Zeitsinn.

Wie gut der Zeitsinn bei Pferden funktioniert, habe ich das erste Mal als Reitschülerin erfahren. Da meinte ich nämlich, auf dem sehr erfahrenen und eigentlich auch sehr fleißigen Fuchs Taifun am Sonntag alleine in der Halle üben zu müssen. Nur Taifun sah es nicht so. Er war ausgesprochen zäh – Sonntag war nicht sein Tag. Er wusste genau, dass sonntags keine Reitstunde ist. Und als ich es dann doch schaffte, ihn zur Kooperation zu überreden, war nach genau 50 Minuten Schluss. Er zog mir die Zügel aus der Hand, schluffte drei Runden im Schritt an der Bande entlang und stellte sich dann in die Mitte der Bahn – wie er es eben aus der Reitstunde gewohnt war. Und eine Reitstunde dauerte bei ihm eben eine Stunde. Außerdem war es mittlerweile halb sieben, und um sieben wurde in Taifuns Heimatstall gefüttert. Auch das wusste er, und er musste gar nicht erst den Haferwagen hören, um erwartungsfroh den Hals zu strecken.

Ein anderes mir bekanntes Pferd bewies mir dann, dass es einen eingebauten Kalender hat. Es durfte fast täglich im Park seines Besitzers frei spazieren gehen, und bei seinen Wegen zeigte es ganz deutliche, jahreszeitlich bedingte Präferenzen. So pflegte es zum Beispiel im Sommer in einem Winkel des Parks herumzustrolchen, den es im Winter überhaupt nicht interessant fand. Aber im Sommer gab es da manchmal frische Äpfel, die man direkt vom Baum stehlen konnte. Und dass es nicht der Duft derselben war, der den Hengst in die Ecke lockte, zeigte sich daran, dass er schon Tage bevor die ersten Früchte reif waren, immer wieder einmal den Apfelbaum inspizierte. Er wusste offensichtlich, dass um eine gewisse Zeit im Jahr herum die Äpfel reif werden.

Erfahrene Pferdeleute sagen übrigens, dass Pferde „Beamte“ seien. Sie wüssten Pünktlichkeit und einen regelmäßigen Tagesablauf durchaus zu schätzen. Wahrscheinlich, weil ihnen die „Absehbarkeit“ ein Gefühl der Sicherheit gibt.

Halla war ein Wunderpferd

Selbst heute, 50 Jahre nach ihrer „Heldentat“, ist die Fuchsstute Halla in Reiterkreisen berühmt. Jeder Reiter, der schon einmal im deutschen Zentrum der Reiterei, im westfälischen Warendorf, vor dem Gebäude des Deutschen Olympia-Komitees für Reiterei gestanden hat, kennt sie – dort steht nämlich ihre lebensgroße Bronzestatue. Und die Geschichte ihrer Großtat ist in unzähligen Büchern nachzulesen.

Sie begann mit einem „Kick“: Am vorletzten Sprung des ersten Umlaufes im Abschlussspringen, einem 160 cm hohen Strohsteilsprung, kickte Halla so die Beine hoch, dass ihr Reiter, Hans-Günther Winkler, fast herunterfiel. Er konnte sich retten, aber bei diesem Rettungsversuch zog er sich einen ungeheuer schmerzhaften Muskelriss zu. Winkler verlor die Kontrolle über Halla, die es zwar irgendwie noch über den letzten Sprung schaffte, dabei aber eine ganze Menge Holz mitnahm.

Einige Stunden später, am Nachmittag, war der zweite Umlauf angesetzt – und nachdem die zwei ersten Mannschaftsreiter durch waren, lag Deutschland so uneinholbar in Führung, dass Halla unter Winkler nur noch irgendwie durch den Parcours kommen musste, um die Mannschaftsgoldmedaille zu sichern. Das Problem lag nur darin, dass sich Winkler, obwohl er starke Schmerzmittel bekommen hatte, kaum mehr im Sattel halten konnte. Erst mit einer Morphiumspritze konnte er einreiten.

Über den folgenden Ritt berichten dann selbst gestandene Pferdeleute Abenteuerliches: Winkler habe nur „passiv" im Sattel gehangen, ohne seiner Stute irgendeine Hilfe zu geben. Halla allein habe sich den Weg durch den Stangendschungel gesucht und trotz des Reiters, der nicht mehr als „Ballast" war, alle Hindernisse fehlerfrei bewältigt – womit sie übrigens nicht nur die Mannschaftsgoldmedaille, sondern auch Einzelgold für ihren Reiter gewann.

Die Geschichte ist seitdem oft erzählt worden, und für einige Jahre wurde Hallas Leistung immer höher gelobt – bis sich durch die nachträgliche Betrachtung der Szene, die auf Wochenschau-Filmmaterial festgehalten worden war, eine andere Perspektive auf den Hergang ergab: „Ein Blick auf das Wochenschau-Filmmaterial [von diesem Ritt, A.d.A.] ... zeigt deutlich, dass der Reiter – obwohl vor Schmerzen das Gesicht verzerrend – zu keiner Zeit während dieser kritischen Sprünge die Zügelverbindung mit dem Pferdemaul aufgab, und dass auch seine Gewichtshilfen nichts an Signalwirkung für das Pferd einbüßten, sondern nur einiges an der sonst von Winkler gewohnten Eleganz. Dass also, mit einem zugespitzten Wort, die gute Halla bis auf den heutigen Tag von der Besonderheit dieses Rittes, der in der Reitliteratur als tierpsychologisches Wunder gilt, keine Ahnung hat.“[6]

Und ist die Vorstellung nicht zugegebenermaßen etwas absurd: Ein Springpferd, das sich alleine durch den Parcours arbeitet (wobei man denen, die das glauben, ja gerne die Frage stellen würde, wie das liebe Tier den Weg gefunden hat. Hat es vor dem Einritt die Parcoursskizze studiert? Oder ist es etwa unterwegs der Nummerierung der Sprünge gefolgt? Letzteres wäre eine geniale Leistung, die ich sehr bewundern würde. Ich bin nämlich die, die sich zweimal verritten hat, obwohl sie den Parcours vorher abgegangen war und die Parcoursskizze studiert hatte).

Hans-Günther Winkler hat übrigens der Legende nie gehuldigt. In einem Interview 20 Jahre nach dem berühmten Ritt sagte er: „Ich war jederzeit in der Lage, ihr die nötigen Hilfen zu geben ... Ich habe sie ideal an den Absprung herangeführt. Nur springen musste sie allein ... Aber ohne diese Hilfen wäre Halla sicher zum Ausritt zurückgaloppiert.“

Tja – mit dem Siegeswillen der Pferde scheint das so eine Sache zu sein. Da gab es nämlich auch noch das berühmte, supererfolgreiche Rennpferd Eclipse. Über ihn steht selbst in seriösen Fachbüchern zu lesen, dass er „aus ehrgeizigem Siegeswillen“ nach jedem Konkurrenten biss, der ihm auf dem Weg zum Sieg zu nahe kam. Dass das Beißen zum natürlichen Artverhalten eines Hengstes gehört, scheint diesen Autoren noch nicht aufgefallen zu sein – ebenso wenig wie die Tatsache, dass fast jeder Hengst die Zähne bleckt, wenn ihm ein Rivale zu nahe kommt. „Siegeswille“ ist ganz sicher nicht der Grund dafür.

---

6 Horst Stern „Sterns Bemerkungen über Pferde“, 5. neu bearbeitete Auflage, Kindler Verlag GmbH, München, 1974.

Pferde können sich aus Kummer umbringen

Das Gegenteil von Siegeswillen ist vermutlich bei einem Pferd der Fall, das Selbstmord begeht. Und auch eine solche Geschichte wird berichtet: Im März 1882 stellten zwei Büffeljäger einen milchweißen, wilden Mustanghengst, der mit seiner Herde schon jahrelang immer wieder in Südtexas gesehen worden war. Wegen seiner Farbe, und weil er so schnell war, dass niemand ihm bis dahin hatte folgen können, wurde er „Geist der Steppe" genannt. Die beiden Büffeljäger meinten wohl, sein Fell würde eine besonders tolle Trophäe abgeben, weswegen sie ihn über vier Tage und angeblich 500 Kilometer hetzten. Die Jagd endete schließlich an einem Steilhang vor einer mit alkalihaltigem Schlamm gefüllten Bodensenke. Dort endgültig in die Enge getrieben, soll der „Geist der Steppe" dann – nach dem Prinzip „Lieber tot als gefangen!" – Selbstmord begangen haben, indem er ohne Zögern in das Schlammloch mit dem giftigen Inhalt sprang.

So berichtet es die Legende. Die Wahrheit dahinter dürfte sein, dass der „Geist der Steppe" nach der langen Verfolgungsjagd in Panik war und darum ins Schlammloch sprang. Dass er bewusst Selbstmord begangen habe, um einer Gefangennahme zu entgehen, ist ungefähr so weit hergeholt wie die Legende von den Lemmingen, die Überpopulation durch bewussten Selbstmord vermeiden. Dahinter steckt aber, dass Lemminge einen ausgeprägten Folgetrieb haben – wenn einer losrennt, folgen alle. Und wenn der erste Lemming dumm genug ist, über eine Klippe ins Meer zu stürzen, dann kann es eben passieren, dass Lemminge direkt hinter ihm auch ins Meer fallen.

Suizid scheint weitgehend auf den Menschen beschränkt zu sein. Die einzige andere Spezies, von der selbst seriöse Wissenschaftler annehmen, dass sie eventuell zum bewussten Selbstmord fähig ist, sind Delphine.

Pferde trauern um tote Artgenossen

Wenn wir schon einmal bei Vermenschlichungen und Superpferden sind: Ob Pferde wirklich um Menschen trauern? Das berühmteste Beispiel, das dafür immer wieder angeführt wird, ist der legendäre „Comanche", angeblich einziger Überlebender der Schlacht am Little Big Horn River. Sie fand am 25. Juni 1876 statt und gehört zu einem Teil der amerikanischen Geschichte, der alles andere als ein Ruhmesblatt ist: der Kampf der Weißen gegen die Indianer. Für die Weißen trat in diesem Fall General George A. Custer an, ein Mann, dem generell Selbstüberschätzung nachgesagt wurde. Für die Indianer stand der legendäre Sioux-Häuptling Sitting Bull, dem es gelungen war, eine kurzlebige Allianz zwischen seinem Stamm und den eigentlich mit ihm verfeindeten Cheyennes herzustellen. Gemeinsam hatten sie am Little Big Horn River in Montana den Weißen eine Falle gestellt, in die Custer trotz Warnungen seiner Scouts mitsamt seinen 225 Reitern hochnäsig hineintrabte. Das darauf folgende brutale Hauen und Stechen überlebte (angeblich) nur einer: der damals 13-jährige „Comanche", das Pferd eines Captain Keogh. Den fanden Armee-Scouts angeblich einige Tage nach der Schlacht. Er soll halb verdurstet und aus vielen Wunden blutend genau über dem Leichnam seines toten Herrn gestanden haben. Und Indianer, die früher am Ort waren, sollen erzählt haben, dass „Comanche" die Leiche seines Herrn „wie ein Dämon mit weißschäumendem Maul" gegen sie Indianer verteidigt habe. Er war eben ein besonders treues Pferd, ... oder?

Die Wahrheit über ihn wird man wohl nicht mehr herausfinden. Aber dass ein Pferd die Leiche seines toten Herrn verteidigen soll, erscheint mir doch eine sehr verwegene Annahme. Es widerspräche dem Artverhalten mindestens so sehr wie ein Springpferd, das sich alleine durch den Parcours arbeitet ...

Was nun aber „in Treue fest" genau über der Leiche des Herrn angeht – da fällt mir jener Morgen ein, an dem ich im Stutenstall eines Freundes mit Entsetzen entdeckte, dass eines der Pferdekinder über Nacht gestorben war. Und obwohl ich normalerweise nicht dazu neige, Pferde zu vermenschlichen, so traf es mich doch zu sehen, wie die Stute – bis dahin und bei den Fohlen, die sie davor hatte, immer eine ausgesprochen liebevolle Mutter – den kleinen Leichnam ignorierte. Sie trampelte sogar einmal fast darauf. Der leblose Körper schien für sie keine Bedeutung zu haben.

Wahrscheinlich war es das, was mich dazu veranlasste, das tote Fohlen so schnell wie möglich aus der Box entfernen zu wollen. Also öffnete ich die Tür, fasste nach den Vorderbeinen und zog. Und in dem Moment, in dem sich der tote Körper bewegte, ging die Stute auf mich los; mit angelegten Ohren und gebleckten Zähnen versuchte sie, ihr totes Kind zu beschützen. Sie wurde dabei so aggressiv, dass ich mein Heil in der Flucht und einem Satz rückwärts in die Stallgasse suchte.

Der Stallmeister, der später den Fohlenleichnam aus der Box holte, legte einen Sack darüber und erklärte mir, dass die Stute sicher um ihr Kind trauere. Sie werde es wahrscheinlich auch noch einige Tage suchen und nach ihm rufen. Aber mit dem leblosen Körper verbinde sie nichts. Ihre Reaktion auf meinen Versuch, ihn zu entfernen, war vermutlich daraus geboren, dass ich den Leichnam bewegt hatte – was für die Mutter aussah, als ob das Fohlen wieder lebendig sei.

Demnach glaube ich nicht, dass ein Pferd aus „Trauer" bei seinem toten Reiter stehen bleibt. Wenn „Comanche" tatsächlich auf dem Schlachtfeld geblieben ist, dann vielleicht, weil er zu stark verletzt war um wegzulaufen, oder weil er zu verstört war, oder weil für eine Weile nach der Schlacht eines der anderen verletzten Pferde noch lebte. Trauer und Treue, Siegeswillen und Ehrgeiz – nein, so sehr ich Pferde schätze: Wer ihnen solche Eigenschaften zuschreibt, der vermenschlicht sie. Und das finde ich unfair. Pferde sind nämlich auch ganz ohne „überpferdische" Eigenschaften faszinierend genug.

Hatatitla und Iltschi waren typische Indianerpferde

Dass der sächsische Romanautor Karl May (1842–1912) eine blühende Fantasie hatte, ist bekannt – ebenso wie die Tatsache, dass er seine ersten Bestseller über den tapferen Deutschen „Old Shatterhand" und seinen indianischen Freund, den Apachen-Häuptling Winnetou, schrieb, ohne jemals auch nur in die Nähe des gar nicht so wilden Westens gekommen zu sein. Das verhinderte aber nicht, dass er mit seinen Büchern das Bild vom „edlen Roten" bis heute geprägt hat – und dass er sich in Sachen „Pferde" als großer Illusions-Nebelwerfer betätigt hat. Die Pferde, die bei Karl May zu den Helden gehören – ob nun der Hengst „Hatatitla" (apachisch für Blitz – jedenfalls behauptet das Karl May), das Reittier von Old Shatterhand, oder „Iltschi" (= Wind), das nahezu geniale Fortbewegungsmittel seines Blutsbruders Winnetou – sie alle sind umwerfend schön, superschnell und ihren Herren bis zum Todumfallen treu ergeben.

Dafür aber werden sie dann auch mit einer Zuwendung bedacht, die jeden halbwegs in Psychologie bewanderten Menschen mindestens eine Augenbraue heben lässt. Beispiel gefällig? Dann nehmen wir doch „Hatatitla" und Old Shatterhand. Das liebe Tier taucht in „Winnetou I" zum ersten Mal auf: „... mein Blick (wurde) von zwei jungen, prächtigen Rapphengsten gefesselt. Sie hatten rote Nüstern und jenen Haarwirbel in der langen Mähne, der bei den Indianern als sicheres Kennzeichen vorzüglicher Eigenschaften gilt ..."[7] Und einen von den beiden Rappen – eben jenen Hatatitla – bekommt Old Shatterhand von seinem „männlich-schönen" Blutsbruder als Geschenk. Er weiß es selbstverständlich zu schätzen, denn Hatatitla ist das wahre Überpferd, wie wir dann in „Winnetou II" erfahren: „... zur feindlichen Natur gesellte sich der feindliche Mensch, vor dem mich, wenn er mir in der Überzahl entgegentrat, nie die Gewalt ..." (äh ... wie war das mit den Fausthieben, die dem Herrn den Kosenamen „Old Shatterhand" verpasst hatten? Und wozu führte er den Henristutzen, sein Wundergewehr, mit sich, wenn er gegen Gewaltanwendung war? Seine Definition von „Gewaltlosigkeit" muss irgendwie anders gewesen sein als meine) „... manchmal dagegen die List, aber am häufigsten der flüchtige Huf meines Rappen Hatatitla gerettet hatte. Durch fünfzig, nein, durch hundert Gefahren hatte er mich wohlbehalten hindurchgetragen, und es hatte sich im Lauf der Jahre zwischen uns ein Gefühl der Zusammengehörigkeit entwickelt, so dass wir bereit waren, füreinander das Leben einzusetzen."

Und diese Beziehung ist selbstverständlich exklusiv, wie wir zwei Seiten weiter lesen: „Ich wusste, dass Hatatitla von keinem Fremden in einen Stall zu bringen war." Der Schwarze wusste eben zu schätzen, wie sehr ihn sein Reiter mochte. Wie innig das Verhältnis war, zeigte sich, als die beiden durch eine Feuersbrunst reiten mussten: „Ein leiser Schenkeldruck – ein Sprung des gehorsamen Rapphengstes, und hochauf schlugen die Wellen über uns zusammen. Ich fühlte neue Kraft, neues Leben durch meine Adern strömen. ... Das Pferd unter mir schnaubte und stöhnte mit fast menschlichem Wehlaut ... Noch einen Satz, einen weiten, fürchterlichen Satz – endlich, endlich ist die Felswand überwunden – noch einige hundert Schritte

7 Karl May, „Winnetou I", Karl May Verlag, Bamberg, 1951.

vom Feuer hinweg und in die Prärie hinein und Hatatitla blieb stehen. Ich aber sank vom Sattel zur Erde nieder."[8]

Und nachdem wir uns nun durch den romantischen Schwulst geschlagen haben – darf ich jetzt auch noch ein bisserl im Detail herumstochern? Da hätten wir nämlich noch die „roten Nüstern" – also, wenn mir jemand ein Pferd andrehen wollte, das im Ruhezustand

rote Nüstern hat, würde ich den Tierarzt rufen. Nüstern – gleich „Nasenlöcher" für Normalverbraucher – sind nämlich mit Schleimhaut ausgekleidet; diese vermittelt uns immer einen guten Eindruck vom Befinden eines Pferdes. Beim gesunden Pferd ist sie nämlich schön rosig. Bleich oder rot deutet auf eine Gesundheitsstörung hin – es sei denn, das Pferd hat gerade eine extreme Anstrengung hin-

8 Karl May, „Winnetou II", Karl May Verlag Bamberg, 1951.

ter sich. Dann darf es rote Nüstern haben, ebenso wie wir nach einem Marathonlauf einen roten Kopf haben dürfen, ohne gleich darüber nachdenken zu müssen, ob wir generell unter zu hohem Blutdruck leiden.

Und dann … also, ehrlich: Ein Pferd, das sich nur von mir in den Stall verfrachten ließe, fände ich unpraktisch. Und wie ich die Pferdeleute kenne, mit denen ich zu tun habe, würden sie mir, wenn ich mit einem solchen Zausel auftauchen würde, auch noch empfehlen, ihn besser zu erziehen. Ein Pferd mit anständigen Manieren lässt sich nämlich von jedem Menschen führen und reiten – was, wenn man nicht gerade im Wilden Westen lebt, auch durchaus sinnvoll ist. Schließlich könnte es ja einmal sein, dass man im Stau steht und das Pferd von jemand anderem bewegt werden muss.

Fury: Hollywoods Pferde besitzen menschliche Eigenschaften

Wenn Tiere in Hollywood-Produktionen eine Hauptrolle spielen, dann wird es meist furchtbar. Das gilt für den Delphin „Flipper“, der sich völlig undelphinhaft benehmen musste, das kann man für den Wunderhund „Lassie“ behaupten, und was die Pferde auf der Leinwand angeht, … da kann man eigentlich nur noch seufzen.

Eines der übelsten Beispiele war die Fernsehserie „Fury“, die in den 50er Jahren des vorigen Jahrhunderts produziert wurde. Ihre Helden waren der Waisenjunge Joey, (gespielt von Bobby Diamond), und sein wunderschöner, schwarzer Hengst Fury (gespielt von einem American Saddlebred-Hengst namens Beauty). Die beiden lebten auf einer Farm zusammen mit dem jungen Witwer Jim Newton (alias Peter Graves) und dem Koch Pete (William Fawcett). Zwischen 1955 und 1960 bestanden Joey und Fury ungefähr 160 Abenteuer, die immer nach einem ähnlichen Schema verliefen. Am Anfang der halbstündigen Geschichte trabte Joey hinaus in die Steppe und rief Fury, der als stolzer Möchtegern-Mustang oder was immer er darstellen sollte selbstverständlich nicht in einem Stall stand, sondern frei über die Farm streifte. Doch sobald er die Stimme seines Herrn vernahm, kam er – inklusive wirbelndem Staub und einer Menge Geräuschproduktion aus dem Soundstudio – angaloppiert. Joey sprach dann den schönen Satz „Na, Fury, wie wär's mit einem kleinem Ausritt?“, worauf Fury, der natürlich jedes Wort verstand, sofort in den Vorderbeinen einknickte, damit Joey leichter aufsteigen konnte. Anschließend ging's ab ins Gelände und in ein Abenteuer, in dem Fury wahre Wunderdinge vollbrachte und die Bösen selbstverständlich immer ihrer wohlverdienten Strafe zugeführt wurden.

Ich möchte nicht wissen, in wie vielen Kinderköpfen Fury falsche Erwartungen an Pferde geweckt hat, indem er seinen Besitzer dauernd aus irgendwelchen Gefahren rettete, die Bösewichte erkannte und Gott-weiß-welche Tricks drauf hatte. Für mich ist mit der „Vermenschlichung“ eines Tieres immer die Gefahr verbunden, dass man den Blick auf das verliert, was dieses Tier eigentlich ausmacht – und das ist in den meisten Fällen sehr schade.

Im alten Rom gab es ein Pferd als Konsul

Dass Imperator Caligula, der von 37–41 n. Chr. in Rom regierte und nicht alle Pokale im Schrank hatte, gilt in der Geschichtsforschung als Tatsache. Dass er allerdings seinem Lieblingspferd „Incitatus“ (lateinisch für „Heißsporn“) die Würde eines Konsuls verlieh, stimmt definitiv nicht. Verantwortlich für dieses Gerücht ist der Schriftsteller Suetonius Tranquillus (um

70–140 n.Chr.). In seinem „Leben der Caesaren“ berichtete er davon, dass Incitatus in einem marmornen Stall gelebt und aus einer Krippe aus Elfenbein gefressen haben soll, die natürlich von eigens dafür abgestellten Sklaven gefüllt wurde. Und er erwähnt, dass Caligula geplant habe, Incitatus zum Konsul zu machen, um dem Senat, der ihm schon lange auf den Nerv ging, eins auszuwischen. Caligula kam aber nicht mehr dazu; er wurde ermordet, bevor er den Plan in die Tat umsetzen konnte. Außerdem ist Suetonius Tranquillus nicht unbedingt die zuverlässigste Quelle. Er hat sich in seinem Buch auch auf Tratsch und Klatsch gestützt. Und da er der einzige ist, der vom Marmorstall fürs Pferd berichtet, sollte man die Geschichte nicht unbedingt für bare Münze nehmen.

Ein Pferdestall ist kein Schloss

Das heißt aber nicht, dass es nie jemanden gegeben hätte, der ein Schloss für Pferde gebaut hätte. Es war nur nicht Caligula, sondern Louis-Henri von Bourbon, der siebte Prince von Conde. Dieser Abkömmling eines stinkvornehmen und sehr reichen französischen Adelsgeschlechts glaubte fest an die Seelenwanderung und war überzeugt, dass er in seinem nächsten Leben als Pferd wiedergeboren würde. Weil er aber auch als solches standesgemäß leben wollte, beauftragte er 1719 den Hofarchitekten Jean Aubert, in Chantilly, unweit von Paris, in Sichtweite zum Conde-„Wohnschloss", den vornehmsten Pferdestall der Welt zu errichten.

Aubert schuf ein architektonisches Meisterwerk: Das von einer Kuppel gekrönte Hauptgebäude des Stallschlosses, das im 18. Jahrhundert bis zu 240 Pferden Raum bot, ist 186 Meter lang, mit einer traumhaften Aussicht auf die Rennbahn (Chantilly beherbergt nämlich außer dem Pferdeschloss auch noch die größte Rennbahn auf dem europäischen Festland) und einer Innenausstattung, die an Pracht alles überbietet, was je als „Pferdestall" gebaut wurde. Von der Marmorkrippe über Stuck, Fresken und Säulen ist in Chantilly alles aufgeboten, was das prachtliebende Barock an Großartigkeit zu bieten hatte. Und Pferdefreunden, die es nach Paris verschlägt, sei ein Abstecher nach Chantilly empfohlen. Das Pferdeschloss ist nämlich heute ein Museum, das Musée Vivant Du Cheval, in dem es auf 4000 m² Ausstellungsfläche nicht nur interessante Artefakte, sondern auch lebende Pferde zu besichtigen gibt, die von Barockreitern in Vorstellungen unter der Kuppel vorgeführt werden.

Alle Araber gehen auf die fünf Stammstuten des Propheten Mohammed zurück

Ich habe es bereits erwähnt: Arabitis ist eine Krankheit, die ziemlich üble Folgen haben kann. Eine davon scheint der Verlust des gesunden Menschenverstandes zu sein, was dann dazu führt, dass Märchen ernst genommen werden.

Eines der meistverbreiteten Märchen im Bereich der Araberzucht ist die Geschichte von den fünf Stammstuten, auf die alle vierbeinigen

Araber zurückzuführen sein sollen. Und diese fünf Stuten soll der Prophet Mohammed persönlich auserwählt haben. Dazu habe er, so berichtet es die Legende, seine Stutenherde drei Tage lang dursten lassen. Dann erst ließ er sie zu einem Fluss führen, doch bevor sie dort ankam, wurde das Trompetensignal geblasen, das zum Kampf rief. Darauf sollen fünf Stuten, Abayyah, Saqlawiyah, Kuhaylah, Hamdaniyah und Hadbah, trotz quälendem Durst zurückgekehrt sein. Mohammed segnete sie dann für ihre Treue und legte jeder seinen Daumen in den Nacken, worauf sich dort jeweils ein kleiner Haarwirbel bildete.

Anschließend habe er verkündet, dass alle, die an ihn glauben, fürderhin nur noch mit Abkömmlingen dieser Stuten züchten sollten, womit er die fünf zu den Stamm-Müttern der Rasse gemacht haben soll.

So wenig die Geschichte im Gesamten glaubhaft ist – sie hat, wie viele Legenden, einen wahren Kern. Mohammed, der nicht nur ein religiöser Visionär war, sondern darüber hinaus als Kaufmann über einen sehr gesunden Menschenverstand verfügte, war sich wahrscheinlich darüber im Klaren, dass Pferdezucht für die Beduinen ein wichtiger Wirtschaftsfaktor war. Außerdem liebte er Pferde und hatte einige Ahnung von Pferdezucht. Möglicherweise beschloss er, seine Anhänger zur Reinzucht zu motivieren, indem er ihnen Stolz auf ihre Pferde beibrachte und sie als etwas ganz Besonderes in ihrem Bewusstsein verankerte. Darum finden sich im Koran so schöne Sätze über Pferde wie das berühmte Wort: „Du sollst fliegen ohne Flügel, du sollst siegen ohne Schwert …"

Und tatsächlich sind die Araber bis heute stolz auf ihre wunderschönen Pferde. Und sie haben wohl auch über Jahrhunderte hinweg weitgehend rein gezüchtet. Auch wenn Geschichten darüber, dass Beduinen, wenn ihnen ein Pferd gestohlen wurde, dem Dieb den Stammbaum nachlieferten, um damit die weitere Reinzucht zu sichern, eher als ein Märchen aus 1001 Nacht denn als reine Wahrheit zu sehen sind – die Tatsache, dass Araberhengste sich als Veredler in fast allen Zuchten der Welt betätigen konnten und dass ein eingekreuzter Araber fast immer noch nach drei oder vier Generationen durchschlägt, deutet darauf hin, dass sie tatsächlich eine außergewöhnlich rein gezüchtete und damit genetisch gefestigte Rasse sind.

Die Stammväter der englischen Vollblüter waren Araber

Von Arabitis befallene Pferdeleute neigen dazu, ihre Lieblinge als die einzigen „Veredler" der Zuchtgeschichte zu sehen. Und darum werden sie auch oft genug als die Stammväter aller Rennpferde deklariert. Die Rasse „Englisches Vollblut", aus der die Hochgeschwindigkeitssprinter rekrutiert wer-

den, ließe sich, so liest man oft, auf drei Araberhengste zurückführen: Godolphin Arabian, Byerly Arabian und Darley Arabian.
Fangen wir mit dem ersten an – Godolphin Arabian. Über ihn wird eine gar rührende Geschichte erzählt. Er soll 1727 als Geschenk des Bey von Tunis an den französischen Hof gekommen sein, an dem damals König Louis XV. (1710–1774) regierte. Selbigem, der an runde Barockpferde gewöhnt war, habe aber der „Sham" genannte, recht spirrelige Araber überhaupt nicht gefallen. Und da er sich außerdem im Stall aufgeführt habe wie ein Wilder, sei er schon sehr bald seiner königlich-pferdischen Privilegien beraubt und an einen Straßenhändler verkauft worden, bei dem er dann einen schweren Karren über Kopfsteinpflaster ziehen musste.

Dabei wurde der Schwarzbraune so misshandelt und schikaniert, dass er eines Tages mitten auf der Straße zusammenbrach. Doch sein Glück war, dass ein mildtätiger englischer Quäker ihn sah, mit nach England nahm und dort an den Rennpferdezüchter Lord Godolphin weiterverschenkte.
Ist Ihnen an dieser Stelle schon danach, sich am Kopf zu kratzen? Mich überfällt der Drang jedes Mal. Ich frage mich dann immer,

warum jemand in Paris ein halbtotes Pferd kauft, es nach England verschifft – und schon damals dürfte der Transport eines Pferdes über den Kanal eine Kleinigkeit gekostet haben – und dort verschenkt. Es kommt aber noch dicker:

Lord Godolphin soll von dem Geschenk ebenso wenig angetan gewesen sein wie einst der französische König. Er habe den Araber als Probierhengst – das sind die armen Kerle, die testen müssen, ob eine Stute für den Hengst bereit ist – eingesetzt.

Die weiteren Ereignisse sind nicht ganz klar: Eine Version der Geschichte lautet, Lord Godolphins Edelstute Roxana habe sich so in den Araber verliebt, dass sie sich von keinem anderen Hengst mehr habe decken lassen wollen. Das scheint mir sehr unwahrscheinlich – Pferdemädchen halten es üblicherweise nach dem Prinzip „Egal, wer mich deckt – Hauptsache, ich werde gedeckt!"

Aber auch der anderen Version der Geschichte – dass der Araber den Hengst, der Roxana eigentlich decken sollte, im heldenhaften Kampf besiegt und sich dann die Braut geschnappt hätte – mangelt es an Logik. Da Stuten 24 Stunden am Stück paarungsbereit sind, ist es nicht nötig, den Probierhengst und den Hengst, der tatsächlich decken soll, miteinander in die Nähe der Stute zu bringen. Im Gegenteil – es wird üblicherweise vermieden, da man fast sicher sein kann, dass die Herren versuchen, aufeinander loszugehen. Und warum, bitteschön, sollte man den wertvollen Hengst einem Kampf mit dem Probierhengst aussetzen?

Wie auch immer: Unsere Geschichte geht damit weiter, dass Roxana ein Fohlen bekam – den Hengst Lath. Der wiederum soll seinem dünnen, eckigen Arabervater weit mehr ähnlich gesehen haben als seiner rundlichen, englischen Mutter, was Lord Godolphin so erbost habe, dass er Lath einem heruntergekommenen, weil an Alkoholproblemen leidenden Trainer geschenkt habe. Der war scheinbar nüchtern genug, Lath so zu trainieren, dass er auf der Rennbahn allen anderen Pferden die Hufe zeigen konnte. Das wiederum habe dazu geführt, dass Lord Godolphin der Kronleuchter aufgegangen sei. Er habe von da an den vom französischen Hof verstoßenen Hengst – nun unter dem Namen „Godolphin Arabian" – auf seinem Gestüt Magog als Hauptbeschäler eingesetzt und damit eine Linie begründet, aus der zum Beispiel so supererfolgreiche Pferde wie der legendäre Eclipse und die Wunderstute Matchem entsprangen.

So weit die Legende. Und nun möchte ich sie rupfen – Stück für Stück, von Anfang an. Also: Der angebliche Araber, den der Bey von Tunis verschenkt haben soll, war mit hoher Wahrscheinlichkeit ein Berber. Und er war auch kein Einzelstück, zu dem der französische Hof kam wie die Jungfrau zum Kinde, sondern er war Teil eines durchaus erwünschten Pferde-Import-Paketes aus vier Hengsten. Der französische König und sein Stallmeister wussten nämlich zu dieser Zeit schon, dass orientalische Hengste, ob sie ihnen nun gefielen oder nicht, hervorragende Veredler sind. Darum landeten auch drei von den vier aus Tunis eingetroffenen Hengsten in der französischen Zucht: Sie wurden im königlichen Wald in der Bretagne ausgesetzt, wo sie die einheimischen, wild lebenden Ponydamen mit schicken Fohlen versorgen durften (übrigens durchaus erfolgreich). Nummer Vier, ein 1724 geborener Schwarzbrauner, wurde verkauft. Allerdings landete er keineswegs vor dem Karren eines Straßenhändlers, sondern ging für teuer Geld an den englischen Pferdezüchter Edward Coke von Lengford Hall in Derbyshire, der ihn dann – und das wahrscheinlich auch nicht für einen Apfel und ein Ei – an Lord Godolphin weitergab.

Der wiederum dachte gar nicht daran, seine teure Neuerwerbung als Probierhengst einzusetzen, sondern führte dem Hengst sehr gezielt die Stute Roxana zu. Und das Produkt aus der Kreuzung wurde auch nicht verschenkt, sondern startete in den Farben des Lords auf der Rennbahn.

Damit wäre die erste Legende zerlegt. Machen wir gleich mit der zweiten weiter: Byerly Arabian.

Die Geschichte, die über ihn erzählt wird, ist nicht ganz so abenteuerlich: Der Hellbraune war eine Kriegsbeute, die sich ein gewisser Captain (später Colonel) Byerly bei der Eroberung von Buda, dem heutigen Budapest, 1686/87 an Land zog. Er nahm ihn mit zurück nach England, wo er eine heute noch wichtige Linie in der Vollblutzucht begründete.

Allerdings war der Hellbraune mit hoher Wahrscheinlichkeit kein Araber. Bei den Kämpfen um Buda ging es nämlich nicht gegen Araber, sondern gegen Türken, die zu dieser Zeit sehr intensive Handelsbeziehungen mit Turkmenien unterhielten und von dort auch jede Menge Pferde exportierten. In Turkmenien wurden und werden nämlich die legendären Achal-Tekkiner gezüchtet, eine mindestens so alte und edle Rasse wie die Araber.

Und wenn man nun das von diesem Hengst überlieferte Gemälde anschaut, dann sieht man einen sehr hochbeinigen, etwas knochigen Hellbraunen mit auffallend feinem Fell. Der Pferdekenner Jasper Nissen schrieb darum auch: „Bei Betrachtung seines Bildes ... ist es vollkommen klar, dass es sich nur um einen typischen Turkmenen gehandelt haben kann wie wir ihn heute im Achal-Tekkiner kennen.“[9] Und weil der große Jasper Nissen nicht der einzige war, der den Hellbraunen als Achal-Tekkiner erkannte, wird er inzwischen in der neueren Literatur auch nicht mehr „Byerly Arabian“, sondern „Byerly Turk“ genannt.

9 Jasper Nissen, „Enzyklopädie der Pferderassen, Europa, Band 2,“ Kosmos-Verlag, Stuttgart, 1998, S. 145.

Und damit wäre auch der zweite der angeblich arabischen Stammväter des Vollblüters als „Nicht-Araber" identifiziert. Den Araber-Freunden als Trost bleibt, dass die Nummer drei im Reigen der Stammväter tatsächlich ein Araber war: Darley Arabian, wie auch die beiden anderen nach seinem Besitzer genannt, wurde als Jährling 1706 von Thomas Darley, Botschafter ihrer Majestät, Queen Anne, in Aleppo in Syrien gekauft. In einem Brief nach Hause schrieb er über seine Neuerwerbung: „Seine Farbe ist braun, sein linker Vorderfuß und beide Hinterfüße sind weiß. Er hat eine ziemlich breite Blesse. Er hat eine Widerristhöhe von etwa 15 Hands (152 cm) und gehört der angesehensten arabischen Rasse an ..." Und Mister Darley setzte große Hoffnungen in ihn: „Hoffe, man wird nicht zu viel an ihm zu bemängeln haben. Hier wird er jedenfalls sehr hoch eingeschätzt und ich hätte ihn für einen beträchtlichen Preis verkaufen können, wenn ich ihn nicht für England bestimmt hätte." Darley wurde nicht enttäuscht: Darley Arabian zeugte den Sohn The Flying Childers, der als erfolgreichstes Rennpferd seiner Zeit galt. Fast noch wichtiger aber wurde The Flying Childers als Vererber – sein Urenkel zeugte mit einer Stute aus der Linie des Godolphin Barb den schon erwähnten Superhengst Eclipse.

Isländer werden seit 1000 Jahren reingezüchtet

„1000 Jahre Reinzucht in Island" sind ein beliebtes „Werbeargument" der isländischen Pferdezüchter. Angeblich soll nämlich im Jahr 930 n. Chr. beim ersten Altthing, der gesetzgebenden Versammlung, durch die der Isländische Freistaat gegründet wurde, ein Einfuhrverbot für Pferde erlassen worden sein, dessen Resultat die erwähnte 1000-jährige Reinzucht des Islandpferdes gewesen sein soll.

Die Fakten sehen ein bisschen anders aus. So berichtet z.B. die Thorsfindingasaga aus dem 11. Jahrhundert von einem isländischen Helden namens Gold-Thorir, der von Gautland an der Nordküste Schwedens „Kinnskaer", einen Hengst mit weißer Unterlippe, zum Geschenk bekommen habe. Kinnskaer wird als „gotischer Renner", was immer das bedeuten mag, beschrieben und galt als besonders kostbar, weswegen man ihn winters wie sommers mit Hafer fütterte. An den isländischen Sagas ist fast immer einiges dran – und so ist die Vermutung, dass es Kinnskaer tatsächlich gab, nicht abwegig. Man kann außerdem darüber spekulieren, ob er nicht ein Orientale gewesen sein könnte. In Schweden wurden nämlich zu dieser Zeit nachweisbar orientalische Pferde eingeführt. Und was Island angeht, so unterhielt man Handelsbeziehungen zu Schweden – und übrigens auch zu Spanien, einem der früheren Hauptexportländer für Pferde. Alte Schiffspapiere beweisen, dass aus Spanien Pferde nach Island exportiert wurden. Das war kein Problem, denn ein Importverbot für Pferde in Island gab es nicht. Das erste Gesetz, das

Tierimporte einschränkte, wurde in Island 1882 erlassen. Und das Gesetz, das explizit den Import von Pferden – auch den Re-Import von Isländern, die die Insel einmal verlassen hatten – verbot, wurde erst 1909 erlassen.

Damit sind die „1 000 Jahre Reinzucht" als Legende enttarnt. Allerdings können die Isländer trotzdem als eine sehr gefestigte Rasse bezeichnet werden. Dafür stehen zwei Tatsachen:

1. Nach Island kamen garantiert nie viele Pferde. Der kleine Inselstaat hat sich aus den kriegerischen Auseinandersetzungen, die Mitteleuropa in Atem hielten, und die durch Verwüstung, Eroberung, Kriegsbeute und Entführung dafür sorgten, dass die Pferdezucht immer wieder gut durchgemischt wurde, immer weitgehend herausgehalten.

2. Die „Insel aus Feuer und Eis" mit ihren Lavafeldern, der kargen Fauna und den langen, dunklen Wintern erfordert von Pferden, die dort – halbwild gehalten – überleben wollen, eine hohe Anpassungsfähigkeit. Untersuchungen haben ergeben, dass die Islandponys gegenüber ihren einstmals von den Wikingern bei der Besiedlung eingeführten Stammvätern an Größe verloren haben. Und es ist davon auszugehen, dass bei einer so harten Selektion wie sie die isländischen Haltungsbedingungen darstellten, von eventuellen Importpferden nur diejenigen eine Fortpflanzungschance hatten, die sehr nahe an dem Typ Pferd waren, den die Insel geprägt hatte.

Andalusier sind die Ahnen der englischen Highland-Ponys

Legenden gehören anscheinend zur Pferdezucht dazu– und darum können auch die Züchter der englischen Highland-Ponys mit einer Geschichte aufwarten: Ihre schnuckeligen Kleinpferde sollen angeb-

lich von spanischen Pferden abstammen, die mit der spanischen Kriegsflotte, der so genannten Armada, nach England kamen.
Sie erinnern sich jetzt an Ihren Geschichtsunterricht und an jene mitreißenden Piratenfilme, in denen ein verwegener Held namens Francis Drake seinen Mantel vor die englische Königin Elizabeth I. warf, so dass sie trockenen Fußes eine Pfütze durchqueren konnte? Und irgendwie, so erinnern Sie sich, hatte dieser Francis Drake – später zum Ritter geschlagen und daher Sir Francis genannt – doch auch etwas mit der spanischen Armada zu tun, nicht?
Ihr Gedächtnis täuscht Sie nicht. Sir Francis Drake war Vizeadmiral der Königin, als ihr Dauer-Rivale, der spanische König Philipp II., im Mai 1588 beschloss, mit einer Flotte von 130 Schiffen – eben jener Armada – nach England überzusetzen und die Insel zu erobern. Sein Fehler war nur, dass er den seekriegsunerfahrenen Herzog von Medina-Sidonia zum Flottenkommandanten machte. Dieser meinte nun, seine Riesenflotte am besten dadurch gegen die seekriegserfahrenen Engländer schützen zu können, indem er sie möglichst dicht beieinander hielt. Das brachte den wirklich verwegenen Francis Drake und seine Commodores auf eine Idee: Sie bepackten acht ihrer Schiffe mit allem, was sie an brennbarem Material finden konnten; als der Wind in der Nacht zum 29. Juni günstig stand, zündeten sie die Schiffe an und ließen sie in die spanische Flotte hineintreiben. Ein Teil der Schiffe fing dann auch prompt Feuer, eine Panik brach aus, und die Spanier flüchteten ins offene Meer, wo sie zu ihrem Unglück auch noch in einen Sturm gerieten. Am Ende gingen zwei Drittel aller spanischen Schiffe verloren, der Rest kehrte geschlagen nach Spanien zurück. England war gerettet; die Spanier hatten die Invasion nicht geschafft.
Aber angeblich, so sagen jedenfalls die Highland-Züchter, hätten ein paar der spanischen Pferde die Schlacht überlebt. Sie seien von den

brennenden Schiffen ins Wasser gesprungen und gen England geschwommen, um dort zwar keine Invasion, aber immerhin ein bisschen Fraternisation mit einheimischen Stuten zu betreiben, woraus dann die Rasse der Highland-Ponys entstanden sei.

Klingt gut, nicht? Ist aber wieder einmal zu schön, um wahr zu sein. Zwar kann man nicht ausschließen, dass bei der Entstehung der Highland-Ponys einige spanische Pferde mitgeholfen haben, aber mit der Armada hatten sie bestimmt nichts zu tun. Die hatte nämlich zu dem Zeitpunkt, als Drake & Co. sie angriffen und in die Vernichtung trieben, ihre Landetruppen noch gar nicht an Bord. Die Soldaten und Pferde, die es zur Invasion in England gebraucht hätte, sollten in Calais eingeschifft werden. Doch dazu kam es nicht mehr – Drake schlug vorher zu. Also können keine Pferde über Bord gesprungen sein – es waren ja gar keine auf den Schiffen. Ende der Legende.

Andalusier sind die Ahnen der Spanish Mustangs

Spanien war vom 16. bis zum 18. Jahrhundert eines der Hauptexportländer für Pferde in Europa, weswegen es kaum eine Warmblutrasse gibt, an der die Andalusier keinen Anteil haben. Und weil die Spanier für die weiße Besiedlung Amerikas verantwortlich sind, hört man auch oft, dass die dort frei lebenden Mustangs Nachfahren der andalusischen Pferde seien, die mit Kolumbus in die Neue Welt gekommen seien.

Diese Geschichte ist eindeutig nicht wahr. Nachgelassene Papiere beweisen, dass Kolumbus gar keine Andalusier an Bord hatte! Er hatte zwar in Spanien vor der Abreise eine ganze Herde edler spanischer Pferde ausgesucht, um sie mit auf die Reise zu nehmen, doch

schon damals spuckte die Bürokratie den Machern oftmals in die Suppe. Und so mopste sich Kolumbus, wie ein Schriftwechsel beweist, ganz furchtbar darüber, dass man seine Andalusier gegen bedeutend „billigere“ und, wie ihm schien, primitivere Pferde ausgetauscht hatte, die aus dem Sumpfgebiet des Gudalquivir stammten. Es waren Sorraias – die kleinen, ungeheuer zähen Wildpferde aus Portugal, das damals noch zu Spanien gehörte. Nur konnte Kolumbus den kleinen Falben erst einmal gar nichts abgewinnen.

Das änderte sich aber, als er mit ihnen in Amerika gelandet war. Dort zeigte sich nämlich, dass die Sorraias geradezu ideal für die Eroberung des wiederentdeckten Kontinents waren. Sie hatten nicht nur die lange Seereise gut überstanden, sondern wateten tapfer durch Sümpfe und Flüsse, schlugen sich in kargen Steppen mit kärgster Nahrung durch und erkletterten trittsicher jeden Berg.

Und ein paar von ihnen müssen tatsächlich zu Vorfahren der heutigen amerikanischen Mustangs geworden sein. Das ist ganz eindeutig nachzuweisen. Es gibt nämlich ein Testverfahren, das Verwandtschaft über Generationen belegen kann. Dazu wird die DNS der Mitochondrien untersucht. Mitochondrien sind sozusagen die „Kraftwerke“ der Zellen, zuständig für die Energieversorgung. Und was ihre Erbsubstanz für Genforscher, die etwas über Verwandtschaften wissen wollen, so besonders interessant macht, ist die Tatsache, dass sie ausschließlich über die Mutterlinie weitergegeben wird; darum ergeben sich bei ihnen im Laufe einer langen Generationenfolge keine so riesigen Varianzen wie beim Rest der DNS, die ja bei jedem Individuum aus der Erbmasse von Vater und Mutter neu zusammengemischt wird.

Mitochondrien-DNS von Mustangs und Sorraias war es, die Professor Klaus Olek vom Bonner Institut für molekularbiologische Diagnostik untersucht hat – mit eindeutigem Ergebnis: Die beiden Rassen sind eng verwandt. Die Sorraias sind die Vorfahren vieler Mustangs, die ihnen vermutlich ihre Härte, ihren Adel und wahrscheinlich sogar die Anpassungsfähigkeit an eine karge Umwelt zu verdanken haben. Mit Andalusiern hätte es vielleicht nicht so gut geklappt – die waren nämlich schon zu Kolumbus Zeiten etwas mehr „verweichlicht" als die Sorraias.

„Pferdeflüstern" lässt sich im Crash-Kurs erlernen

Fast jeder Reiter möchte sie beherrschen: die Tricks, mit denen so genannte „Pferdeflüsterer" auch die schwierigsten Pferde innerhalb von wenigen Minuten zur Kooperation überreden. Der Bedarf für „How to do it"-Bücher in diesem Bereich ist so groß wie noch nie, die Kurse der erfolgreichen „Pferdeflüsterer" sind gut gefüllt und werden teuer bezahlt. Der Haken ist nur: Pferdeflüstern, oder sagen wir besser „Horsemanship", das Gefühl für den Umgang mit dem Vierbeiner, kann man nicht an einem Wochenende lernen. Und wer immer erzählt, dass er die ultimative Methode dafür neu erfunden habe, stempelt sich damit selbst zum Scharlatan ab.

Tatsache ist: Was hinter der Arbeit erfolgreicher „Pferdeflüsterer" steckt, ist nicht nur Wissen über die Psychologie der Pferde, sondern in den meisten Fällen eine nicht im Crash-Kurs vermittelbare Mischung aus „Händchen fürs Pferd" und Erfahrung mit den Tieren. Das typische Beispiel dafür ist der berühmteste der Pferdetrainer, Monty Roberts, der Vorbild für den „Pferdeflüsterer" im gleichnamigen Bestseller von Nicolas Evans war. (Allerdings: Evans hatte um des Effekts willen einiges ins Buch geschrieben, womit Roberts überhaupt nicht einverstanden war, weil es seiner Arbeitsweise nicht im mindesten entspricht). Roberts ist der Sohn eines Westerntrainers und saß schon als kleiner Junge auf dem Pferd. Er wurde mit Pferden groß, durchlief später eine akademische Ausbildung in Psychologie und entwickelte seine „Methode“ für den Umgang mit Pferden aus der Beobachtung und der Erfahrung mit Pferden heraus. Sie funktioniert – wie Roberts oftmals bewiesen hat. Aber selbst ihm, der ein hervorragender Lehrer ist, wird es nicht gelingen, einen Otto-Normalreiter innerhalb weniger Stunden zum perfekten Pferdeflüsterer auszubilden. Er kann nur einige Tipps und Tricks weitergeben – das Einfühlungsvermögen fürs Pferd muss sich entwickeln und bedarf der Übung und Erfahrung. Und was das angeht, sind auch unter dem Personal der großen Gestüte jede Menge „Pferdeflüsterer“ – nur würden die, die schon seit Jahrzehnten mit Pferden arbeiten und dabei die „Tricks“ anwenden, die über Generationen unter Pferdeleuten als „Das macht man halt so“ weitergegeben wurden, nicht auf die Idee kommen, sich selbst so zu nennen.

Die Indianer waren begnadete Reiter

Ich glaube, jetzt bin ich schon wieder bei Karl May und seinen Märchen aus dem Wilden Westen gelandet – jedenfalls bei dem, was hinter der oft verbreiteten Legende von der ach-so-hochentwickelten Reitkultur der Indianer steckt. Seit Winnetou & Co. sagt man den „Rothäuten“ gerne nach, dass sie ein besonderes Einfühlungsvermögen für Pferde hatten und dass sie wahre Meisterreiter waren – Abkömmlinge eines Reitervolks eben.

Die Tatsachen sehen wieder einmal anders aus: Indianer waren alles andere als ein „Reitervolk“. Da die amerikanischen Urpferde ungefähr 300.000 v. Chr. – ungefähr zu dem Zeitpunkt, als die Vorfahren der Indianer nach Amerika kamen – ausstarben, waren sie die längste Zeit ihrer Geschichte Fußgänger. Aufs Pferd kamen sie erst, nachdem die Spanier mit ihren Pferden ins Land gekommen waren und die Indianer damit eine Chance bekamen, den Eroberern ihre Reittiere zu stehlen. Doch so edel, hilfreich und gut, dass sie den ihnen gestohlenen Pferden Reitlehren hinterhergeschickt hätten, waren die Spanier nicht. Die Indianer mussten sich die Reiterei selbst erarbeiten, womit sie vor ungefähr 300 Jahren von Null ausgehend anfingen. (Nur als Vergleichszahl und zur Erinnerung: Die Reiterei in Europa kann auf rund 6000 Jahre Entwicklung zurückblicken. Die erste, uns überlieferte Reitlehre, deren Grundsätze heute noch anwendbar sind, stammt von dem griechischen Reiteroffizier Xenophon).

Und im Gegensatz zu Karl Mays Erzählungen, in denen den Indianern eine geradezu mystische Beziehung zum Pferd zugeschrieben wurde, spielten Pferde im religiösen Empfinden der meisten Stämme überhaupt keine Rolle. Sie waren nicht da gewesen, als sich die Rituale und der Glaube entwickelt hatten, folglich kamen sie darin nicht vor. Man muss sogar davon ausgehen, dass sie zumindest in den Anfangszeiten der Indianerreiterei weniger als lebende Wesen, sondern eher als Fortbewegungsmittel gesehen wurden. Was dabei herauskam, sagt ein Sprichwort, das im Wilden Westen sehr verbreitet war: „Wenn einem Weißen das Pferd zusammenbricht, gib es einem Indianer. Der schindet es noch 30 Meilen weiter.“

Reiterlatein: Legenden und Märchen rund ums Reiten

Western- und Englischreiten – eine Frage des Stils

Eigentlich sollte die Liebe zum Pferd und zur Reiterei Menschen verbinden. Erlebt man aber die erbitterten, erhitzten Diskussionen zwischen den so genannten „Klassikern" – den Reitern, die dem Englischen Reitstil huldigen – und den Westernreitern, kann man sich oft des Gefühls nicht erwehren, dass die Reiterei eher Gräben aufreißt als dass sie verbindet.
Die Vorwürfe, die auf der jeweils anderen Seite gemacht werden, grenzen an Beleidigung. So sagen Westernreiter den Englisch-Reitern nach, dass sie ihre „armen Pferde" gnadenlos mit dem Zügel zusammenriegeln, während andersherum die Englisch-Reiter unterstellen, dass die Westernreiter ihre Pferde nur auf der Vorhand daherschlappen lassen, was auf Dauer ganz sicher zu Abnutzungserscheinungen derselben führe, ergo alles andere als pferdefreundlich sei. Und die Tatsache, dass es nach rund einem Vierteljahrhundert Westernreiterei in Deutschland inzwischen auch einige alte Westernpferde gibt, die auf kerngesunden Beinen fröhlich dahermarschieren, wird dann darauf zurückgeführt, dass man die stabilen amerikanischen Pferde eben nicht „kaputtreiten" könne.
Macht man sich aber einmal die Mühe, beide Stile zu analysieren, dann kommt man ganz schnell zu dem Ergebnis, dass sie gar nicht so weit auseinander liegen. Die Ursprünge sind auf jeden Fall gleich: Sowohl die moderne, englisch geprägte Sportreiterei wie auch die Westernreiterei haben ihre Wurzeln in der barocken Reitkunst, die

vor allem in Frankreich und Spanien (und man erinnere sich: Es waren vorwiegend die Spanier, die die Reiterei nach Amerika brachten) eine Hochblüte erlebte. Ziel der barocken Pferdeausbildung war es, das Pferd unter dem Reiter ins Gleichgewicht zu bringen. Dazu müsse man – so die alten Meister – die Hinterhand aktivieren.
Dies sollte durch die stetige Anlehnung an den Zügel erreicht werden – was natürlich vom Reiter, der denselben hält, eine ausgesprochen ruhige, feine Hand verlangt.

Und hier scheiden sich nun die beiden Stile: Während die moderne Sportreiterei immer noch dem Prinzip der Anlehnung huldigt und damit in Richtung „Reitkunst" marschiert, hat die Westernreiterei, die ja ursprünglich aus der Arbeitsreiterei der Cowboys entstand, die stete Anlehnung aufgegeben und durch kurze Hilfen ersetzt, die als „Signale" beim Pferd ankommen so lange befolgt werden bis ein neues Signal einen anderen Impuls gibt. Das Ausbildungsziel, das Pferd ins Gleichgewicht zu bringen, ist beiden Reitstilen gemein –

nur der Weg dorthin ist erst einmal unterschiedlich. Doch ab einer gewissen Ebene nähert er sich auch wieder an. Da, wo heute Westerndressur auf hohem Niveau geritten wird, sieht man nämlich auch „Anlehnung" an den Zügel.
Geht man einmal ganz ins Grundsätzliche, dann kommt man immer wieder zu dem Punkt, dass Reiterei ja nie „l'art pour l'art" war und ist, sondern immer dem entspringt, was das Pferd anbietet und ausmacht. Und das ist bei Westernpferden und Warmblütern nicht so grundlegend unterschiedlich, als dass sich daraus zwei gänzlich verschiedene Stile hätten entwickeln können.
Und so ist es am Ende eine reine Geschmacksfrage, welchen Stil man für sich wählt. Beide erfordern, wenn sie gut geritten sind, eine Menge Können vom Reiter, und keiner von ihnen ist „pferdefreundlicher" als der andere.

Bandagen stützen das Pferdebein

Mit Verlaub: Dieser in Reitställen weit verbreitete Glaube widerspricht dem gesunden Menschenverstand. Abgesehen davon, dass ein gesundes Pferdebein keiner „Stütze" bedarf (und ein nicht gesundes sollte sowieso nicht belastet werden): Es würde schon Beton mit Stahleinlage brauchen, um das Gewicht, das ein Pferd in Bewegung aufs Bein bringt, abzufangen. Wer's nicht glaubt, sollte kurz einmal an seine Physikstunden zurückdenken: Ein Pferd wiegt zwischen 500 und 600 Kilogramm. Nehmen wir den Reiter dazu, dann sind wir auf rund 650 Kilo als Mittelwert. Angenommen – was natürlich rein theoretisch ist – das Gewicht würde sich gleichmäßig auf alle vier Beine verteilen, hätten wir also – im Stand! – schon die Kleinigkeit von 162,5 kg pro Haxen. Nehmen Sie noch die Kräfte dazu, die sich in der Bewegung entwickeln

und abzufangen sind ... Sie glauben jetzt nicht mehr wirklich, dass eine Bandage oder Gamasche das „stützen“ kann, oder?
Das einzige, was Bandagen und Gamaschen eventuell können, ist, das Pferd vor kleinen Verletzungen zu schützen, die z.B. durch aufspritzende Steinchen entstehen könnten. Aber seien wir mal ehrlich: Wer reitet schon so schnell über Rollsplit, dass die hochspritzenden Steinchen Verletzungen an den Pferdebeinen verursachen könnten?

Der einzige wirklich sinnvolle Schutz, den die Bandage bzw. Gamasche gibt, scheint mir der gegen das Anschlagen an eine Stange beim Springen zu sein. Doch ansonsten kann ich nur jenen sehr erfahrenen, altgedienten Tierarzt zitieren, der mir zum Thema „Was trägt das Pferd am Bein?“ kurz und knapp antwortete: „Je weniger, desto besser.“ Gamaschen und Bandagen sind nämlich „Zusatzgewicht“; und was die Bandagen angeht, kommt noch ein Problem dazu: Es ist sehr leicht, sie falsch zu wickeln. Dann schneiden sie vielleicht ein und schaden mehr als sie je nützen könnten. Und selbst wenn sie richtig gewickelt sind, können sie sich lösen und dann zum Stolpern führen.

Pferde müssen im Winter eingedeckt werden

Meine Autorität als Pferdefrau scheint – zumindest bei meiner besten Freundin – nicht sehr groß zu sein. Ich versuche nämlich seit mindestens zehn Jahren, die Gute davon zu überzeugen, dass gesunde Pferde wirklich – noch nicht einmal im tiefsten Winter – keinen warmen Schlafanzug brauchen. Geholfen hat es bisher nichts. Ihre Vierbeiner-Sammlung wird im Winter nach wie vor mit warmen Decken zugehängt.

Stur wie ich bin, wiederhole ich meine Predigt aber immer wieder – und nutze selbstverständlich auch den Platz, den ich hier bekommen habe, um mein Mantra wieder einmal aufzusagen: Pferde frieren in unseren Breitengraden nicht. So kalt, dass ihnen fröstelig wird, kann es bei uns gar nicht werden.
Sie schauen skeptisch? Dann gehe ich gerne ein bisschen in die Tiefe und erinnere mich an eine andere Freundin: Gefion. Mit ihr teilte ich ein Jahr lang (und mit Vergnügen) ein Büro, und oft genug auch das Auto auf langen Fahrten. Dabei sind wir äußerlich mehr als nur ein wenig gegensätzlich: Gefion ist ein laufender Meter, zierlich, und hat, obwohl sie mit Vergnügen und ausdauernd futtert, beneidenswerterweise kein Gramm zu viel auf den Rippen. Ich dagegen bin immerhin 173 Zentimeter groß und gehöre zu den Leuten, deren Figur man euphemistisch als „vollschlank" bezeichnet. Und so bot sich Besuchern in unserem gemeinsamen Büro im Winter ein vermutlich recht putziges Bild: Während Gefion mit dickem Wollpullover und noch dickerer Strickjacke auf ihrer Seite des Schreibtischs neben einem voll aufgedrehten Heizkörper verfroren aussah, saß ich im ärmellosen T-Shirt auf der anderen Seite und schwitzte. Im Auto war es teilweise noch besser: Da lag mein Mantel oft genug nicht auf dem Rücksitz, sondern war um Gefion (die darin natürlich fast unterging) gewickelt – über der Wolljacke und dem dicken Pullover. Und ich saß wieder einmal im T-Shirt daneben.
Was dahinter steckt, ist eine Formel, die für das Kälteempfinden zuständig ist: Je größer die Körpermasse im Vergleich zur Körperoberfläche ist, desto weniger friert ein Individuum. Weniger akademisch ausgedrückt: Je mehr dran ist, desto besser ist man gegen Kälte isoliert und desto weniger Wärme verliert man. Und nun können Sie sich vielleicht schon vorstellen, wie kalt es werden müsste, dass ein Pferd wirklich friert. Bei ihm kommt nämlich noch dazu,

dass die Körperoberfläche ja durch das Fell gegen Wärmeverlust isoliert ist, und so kann man als Faustformel annehmen, dass Pferde zehnmal so viel Kälte vertragen wie wir. Demnach brauchen gesunde Pferde in unseren Ställen bestimmt keine warmen Decken – es sei denn, sie sind geschoren. Ansonsten verhindern die Decken höchstens den Luftaustausch und bringen die Pferde ins Schwitzen.

Dicke Satteldecken und Gelpads schonen den Pferderücken

Es ist immer wieder erstaunlich, welch verwegene Konstruktionen teilweise unter Sätteln aufgebaut werden. Im durchaus ehrenwerten Bemühen, das Pferd vor Satteldruck zu schützen, werden Gelpads und andere dicke Polster in den verschiedensten Formen zwischen Pferderücken und Sattel gepackt. Wem's nützt? Einem bestimmt: dem Hersteller der Gelpads und der Polster. Was aber die Pferde angeht, so habe ich meine Zweifel. Ihnen würde ein korrekt angepasster Sattel bestimmt mehr bringen. Ein solcher erzeugt nämlich auch dann keinen Satteldruck, wenn er auf einer dünnen Decke aufliegt. Dafür macht Unterpolsterung – und je dicker, desto mehr – die „Sattel-Decke" zu einer recht wackeligen Angelegenheit. Und die führen nun einmal schnell zu Druckstellen.

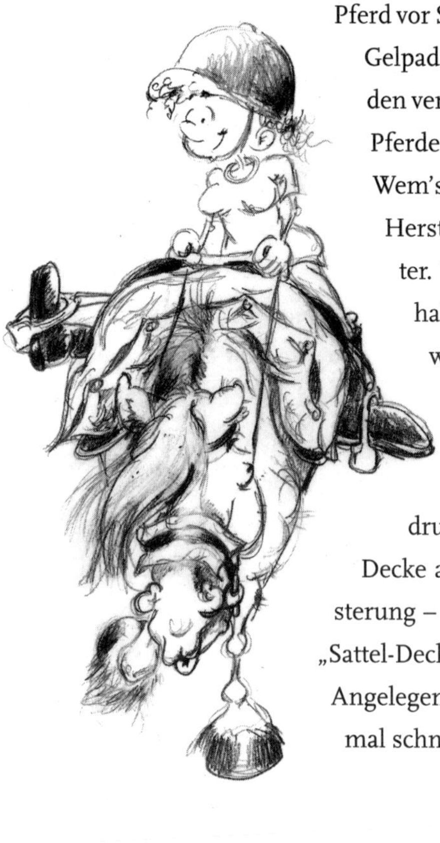

Leichttraben schont das Pferd

Dadurch, dass der Reiter bei jedem zweiten Trabtritt seinen Hintern aus dem Sattel lüftet, wird der Rücken des Pferdes entlastet und seine Atmung erleichtert. Das ist die Theorie, die hinter dem Leichttraben steckt. In der Praxis sieht dies jedoch oft ganz anders aus. Ungeübten Reitern, die Schwierigkeiten beim Aussitzen haben, gelingt oft auch das Leichttraben nicht richtig. Anstatt die Trabtritte locker abzufedern, stellen sie sich verkrampft und viel zu hoch in die Bügel, geraten vor oder hinter die Bewegung und fallen dem Pferd letztendlich doch wieder ins Kreuz – genau so, wie sie das beim Aussitzen getan hatten. Diese Form des Leichttrabens ist für das Pferd keine wirkliche Erleichterung.

Ob das Pferd also durch das Leichttraben wirklich „gelöst“ wird, hängt weitgehend von der Ausführung und vom Sitz des Reiters ab.

Auch Fortgeschrittene bewirken jedoch mit diesem Trabstil häufig eher das Gegenteil. Sehr viele Reiter neigen nämlich dazu, grundsätzlich auf der Schokoladenseite des Pferdes leichtzutraben, womit sie die Tendenz, die Gegenseite zu versteifen, sogar noch verstärken. Und weil beim „lösenden Leichttrab“ außerdem gerne noch richtig Tempo gemacht wird, fallen sehr viele Pferde dabei auf die Vorderhand, verlieren den Takt und kommen am Ende sogar aus dem Gleichgewicht.

Aufgestiegen wird grundsätzlich von links

Bei einigen Leuten ist mein Ruf als Reiterin für immer und ewig ruiniert, und ich habe dazu nur eine Aktion gebraucht: Ich bin irgendwann in ihrer Nähe von rechts aufs Pferd gestiegen. Das tut man nicht – zumindest nicht als anständiger Englisch-Reiter. Als solcher steigt man von links auf. Punkt. Ende der Debatte.

Fragt man aber doch einmal nach dem Grund, fühlt man sich an jenen schwäbischen Bauern erinnert, der stur sagte: „An dem Buckel [= Erhebung] hat scho' mein Großvater g'mickt [= gebremst] und da hat mein Vater g'mickt, und da mick ich auch – und wenn's bergauf geht!"

So sinnvoll viele Traditionen in der Reiterei sind: Die Forderung, von links aufs Pferd zu steigen, kann man als „überholt" betrachten. Entstanden ist die Sitte nämlich in den Zeiten, in denen die Herren (und

wer außer Herren stieg damals schon in den Sattel, wie wir ihn heute kennen? Die Damen ritten im Damensitz) an ihrer rechten Seite eine Waffe trugen. Die wäre beim Aufsteigen von rechts hinderlich gewesen. Daher stieg man von links aufs Pferd.

Heute steigt man eher selten mit Säbel zur Rechten aufs Pferd. Dass sich die Sitte trotzdem gehalten hat, könnte daran liegen, dass die meisten Menschen Rechtshänder sind und daher mit ihrer rechten Körperhälfte generell geschickter sind als mit der linken. Ihnen fällt es darum von links – also mit einer schwungvollen Drehung über die rechte Hüfte – einfach leichter als andersherum.

Vorne ziehen lockert hinten – oder so

Wenn ich an die Manöver denke, die man auf deutschen Abreiteplätzen zu sehen bekommt, wird mir immer ganz anders. Da gibt es die Springreiter, die an den Zügeln ziehen, als ob sie mit der Trense den Pferdekopf zersägen wollten und diese Riegelei damit begründen, dass sie das Pferd so im Genick „locker" machen wollen. Und da gibt es die Spezialisten aus beiden Disziplinen, deren Pferde sich fast in die Brust beißen, weil sie „tief eingestellt" (mein alter Reitlehrer hätte es „aufgerollt" genannt) werden, um – so der Reiter Begründung für ihr Tun – den Rücken „durchlässig" zu machen. Klar. Sicher doch. Riegeln macht Locker und Maul-auf-die-Brust entspannt den Rücken. Und außerdem erhöhen kleine Schläge auf den Hinterkopf das Denkvermögen.

Wenn Letzteres nur so wäre! Dann würde ich gerne einmal eine größere Runde kleiner Schläge ausgeben! Dadurch würde vielleicht die Logik einsetzen, die eigentlich schon reichen sollte, um klarzumachen: Links und rechts im Maul ziehen bringt ein Pferd zwar dazu, den Kopf nach links und rechts zu bewegen – aber dass es das

Genick lockert, ist unter Garantie ein Gerücht. Es bewirkt eher das Gegenteil: Dass das Pferd dem mechanischen Zug ausweicht, indem es die Muskeln anspannt. Sehr angenehm ist es nämlich nicht, wenn einem die Trense durchs Maul gezogen wird; und Druck erzeugt bekanntlich immer Gegendruck! Warum soll das beim Pferd anders sein?

Und was nun die Spezialisten aus der Abteilung „Nur ein aufgerolltes Pferd ist ein durchlässiges Pferd" angeht: Ihnen sei ein Blick in ein Anatomielexikon empfohlen. Dort würden sie dann nämlich feststellen, dass ein Pferderücken nicht aus einem, von den Ohren ausgehenden und sich bis zur Kruppe hinziehenden Muskel besteht, den es zu dehnen gilt, sondern aus verschiedenen Muskelgruppen, die zusammenspielen. Zieht man nun dem Pferd den Kopf auf die Brust – eine völlig unnatürliche Haltung, die dem Pferd zudem das Sehen schwierig macht – dann reagiert es darauf nicht, indem es die Rückenmuskulatur lockert, sondern im Gegenteil: Es verspannt sich! Und es setzt selbstverständlich auch nicht die Hinterhand verstärkt unter den Schwerpunkt – ganz im Gegenteil! Letzteres kann es nämlich nur, wenn die Schultern sich frei bewegen können – und wie sollen sie das, bitt'schön, wenn der Hals aufgerollt ist?

Was und wer Ihnen auch immer irgendetwas erzählt: Die anatomischen Verhältnisse bei Pferden haben sich im letzten Jahrtausend nicht grundlegend verändert. Darum gilt auch für moderne Sportpferde immer noch, dass sie nach denselben Prinzipien wie die Barockrösser der alten Meister an die Hand geritten werden: Mit dem Genick als höchstem Punkt, treibenden Schenkeln und ruhiger, sensibler Hand. Riegeln und Kopf herunterziehen führt bestimmt nicht zur Durchlässigkeit, sondern nur dazu, dass die Vierbeiner, die unter solchen Rittern mit eiserner Faust unterwegs sind, ein Betonmäulchen entwickeln und schließlich gar nicht mehr fähig sind, feine Zügelhilfen anzunehmen.

Stumpfe Sporen und dicke Trensen sind pferdefreundlich!

Jeder Reiter möchte, dass es seinem Pferd gut geht. Doch in vielen Fällen ist die wohlgemeinte Fürsorge gar nicht gesund für das Pferd. So halten z.B. viele Reiter eine dicke Wassertrense für das „sanfteste" Gebiss; und wer etwas Dünneres oder gar eine ungebrochene Stange ins Pferdemaul schiebt, ist schon fast als Tierquäler enttarnt. Und am besten wäre es eigentlich sowieso, wenn man das Pferd mit Gebissen verschonen würde. Eine gebisslose Zäumung – das müsste doch der Gipfel der Pferdefreundlichkeit sein, oder?

Und wenn man dann schon unbedingt Sporen einsetzen muss – was man wirklich nur tun sollte, wenn das liebe Tier sonst gar nicht von der Stelle zu bewegen ist – dann aber doch bitte stumpfe! Je stumpfer desto besser. Schließlich wäre es ja das Allerschlimmste, wenn man mit einem Sporendruck das Pferdefell anritzen würde. Oder?

Darf ich nun wieder der Reihe nach aufdröseln? Fangen wir also mit der Wassertrense an: Sie ist verglichen mit einer Kandare ein „sanftes“ Gebiss. Allerdings kann man auch mit der einmal gebrochenen Wassertrense – egal, wie dick sie an den Enden ist – einen üblen „Nussknackereffekt“ erzielen, wenn man richtig an ihr zieht. Sie stellt sich nämlich, wenn genügend Druck dahinter ist, am Gelenk im Maul auf, und dann wirken die beiden Seitenteile wie Hebel auf den empfindlichen Kiefer des Pferdes. „Sanft“ ist das gewiss nicht. Wem es also wirklich darauf ankommt, das Pferd im Maul zu schonen, der sollte keine Wassertrense, sondern möglichst eine doppelt gebrochene Trense einsetzen.

Aber auch ob diese dem Pferd tatsächlich immer angenehmer ist als ein ungebrochenes Stangengebiss, ist fraglich. In der (selbstverständlich ruhigen) Hand eines wirklich guten Reiters ist Pferden die Kandare vermutlich lieber. Bei ihr muss der Reiter nämlich nie „zuppeln“, sondern kann wirklich mit einem ganz kleinen Signal – oft reicht schon ein festeres Schließen der Zügelfaust – eine Hilfe geben. So wird das Pferd im Maul kaum gestört.

Was nun die gebisslosen Zäumungen angeht: Sie wirken fast alle dadurch, dass sie Druck auf das Nasenbein des Pferdes ausüben. Und was das weit verbreitete und inzwischen sehr beliebte Hackamore-Gebiss angeht, so handelt es sich dabei um einen mit Leder umflochtenen Stahlbügel, der über die Nase gelegt wird, und an dem mehr oder minder lange Anzüge hängen, die eine Hebelwirkung auslösen. „Sanft" wirken Hackamores nur in der ruhigen Hand eines erfahrenen Reiters (und bei dem dürfte dann auch ein Gebiss „sanft" wirken). In der unruhigen oder zu harten Hand eines weniger guten Reiters können sie üble Folgen haben. Ich erinnere mich an ein Pferd, dem mit dem Hackamore das Nasenbein gebrochen wurde – ohne dass der Reiter böse Absichten gehabt hätte. Er konnte nur nicht einschätzen, wie sehr die Anzüge die Einwirkung des Stahlbügels verschärfen.

Und damit wären wir dann bei den Sporen, deren Wirkung auch oft falsch eingeschätzt wird. Ein langer, stumpfer Sporn wirkt aufgrund seiner Hebelwirkung erheblich härter ein als ein kurzer, spitzer; und auch wenn dabei das Fell nicht angeritzt wird, bilden sich darunter oft Blutergüsse. Diese heilen bei vielen älteren Pferden, die über lange Zeit mit stumpfen Sporen geritten wurden, oft gar nicht mehr ab, sondern sind als Verhärtungen unter dem Fell spürbar. Wirklich spitze Sporen benutzt heute niemand mehr. Aber erfahrene Reiter tragen oft Rädchensporen, die zwar in dem Moment, in dem sie das Pferd berühren, „schärfer" wirken als ein stumpfer Sporn, dann aber abrollen und dadurch keine Hämatome verursachen.

Register

Mit 48 Schwarzweiß-Cartoons von Susanne Retsch-Amschler, Königsbrunn

Umschlaggestaltung von eStudio Calamar, Pau, unter Verwendung einer Illustration von Susanne Retsch-Amschler, Königsbrunn

Bibliografische Information der Deutschen Bibliothek
Die Deutsche Bibliothek verzeichnet diese Publikation in der Deutschen Nationalbibliografie; detaillierte bibliografische Daten sind im Internet über http://dnb.ddb.de abrufbar.

Gedruckt auf chlorfrei gebleichtem Papier

ISBN 3-440-09849-4
Redaktion: Katja Rohrer
Gestaltungskonzept: eStudio Calamar
Produktion: Kirsten Raue, Claudia Kupferer
Printed in the Czech Republic / Imprimé en République tchèque